AF671679

Peter Futterschneider

Sketche

Vorhang auf!

Sketche -
aus dem Leben gegriffen

von

Peter Futterschneider

KELEBEK VERLAG

Impressum:

Illustration Cover: Anke Kemper
Bearbeitung: Beate Geng
Kelebek Verlag Inh. Maria Schenk
Franzensbaderstr. 6, 86529 Schrobenhausen
http://kelebek-verlag.de
ISBN 9783947083558
Druck: Libri Plureos GmbH, Friedensallee 273, 22763 Hamburg
Bibliografische Information der Deutschen Nationalbibliothek
Die Deutsche Nationalbibliothek verzeichnet diese Publikation in der Deutschen Nationalbibliografie; detaillierte bibliografische Daten sind im Internet über http://dnb.d-nb.de abrufbar.

Inhaltsverzeichnis

Über dieses Buch

Sie haben sich dieses Buch gekauft, um ein paar kurzweilige Momente zu verbringen?
Dann haben Sie eine gute Wahl getroffen. Die Sketche sind aus dem Leben gegriffen, von einigen recht drastischen Übertreibungen mal abgesehen. Denn eine Organspende-Polizei gibt es nicht und so müssen Sie auch keine Angst davor haben, dass Ihnen ein Spenderbein auf offener Straße amputiert wird.
Die eine oder andere Szene mag Ihnen vielleicht bekannt vorkommen. Vielleicht erkennen Sie zuweilen Wesenszüge Ihnen bekannter Menschen oder Sie finden sich in der einen oder anderen Situation wieder.
Sie sollen sich gut unterhalten fühlen und vielleicht weckt dieses Buch die Lust in Ihnen, sich einer Theatergruppe anzuschließen.

Sie sind in einem Theaterverein oder in einer Theatergruppe aktiv, leiten eine Theater-AG oder einen Kurs Darstellendes Spiel? Sie sind auf der Suche nach Sketchen, die Sie aufführen möchten?
Dann sollten Sie in diesem Buch fündig werden. Sie finden eine bunte Palette von 20 Sketchen. Einige dieser Sketche hat der Autor mit dem Theaterverein Gifhorn von 1891 e.V. erfolgreich auf die Bühne des Gifhorner Altstadtfestes gebracht und wurden auch von weiteren Theatervereinen und -gruppen in Deutschland inszeniert.

Informationen zu den Aufführungsrechten:

Alle Sketche dieses Buches können Sie kostenfrei in Szene setzen. Machen Sie im Rahmen der Berichterstattung bitte die Urheberschaft deutlich.

Die Sketche *Die Organspende-Polizei*, *Hamlet-Casting*, *Die Vorzeigekinder*, *Multi-Media-Kids* und *Pisa-Alarm* wurden für den Theaterverein Gifhorn von 1891 e.V. geschrieben und von dieser Bühne erstmals aufgeführt.

Die Sketche *Sonnenaufgang*, *Frühsport*, *Auf dem Spielplatz*, *Es ist nicht leicht mit ihm* und *Aufstehen!* wurden für die inklusive Theatergruppe *Theater Grünes Sonnenlicht* in Hamburg-Altona geschrieben, mit der *Coskun Üresin* seit 2010 inklusives Theater inszeniert.

Einige Sketche stammen aus Komödien des Autors:

Die Hotline aus *Glasfaser-Kabbel – Die Wockenbergs gehen online*

Das Pflegegutachten aus *Pflegegrad 3*

Der Familienbetrieb aus *Imbiss La Grande*

Öffnen Sie ein beliebiges Fenster aus *Der letzte Amtmann*

Diese Komödien finden Sie unter www.grollundschmoll.de sowie www.peterfutterschneider.de

Der ökologische Fußabdruck

Besetzung:

5 Personen (2m/3w)

Bernd, Brigitte, Saskia (Tochter von Bernd und Brigitte), Medina (Servicekraft Eisdiele, in Saskias Alter), Fesnik (Besitzer Eisdiele, Onkel von Medina)

Inhalt:

Die Eheleute Bernd und Brigitte besuchen eine Eisdiele. Sie machen sich Gedanken über den ökologischen Fußabdruck und offenbaren dem Publikum dabei ein reichhaltiges Repertoire an Vorurteilen, Ahnungslosigkeit und Ignoranz.

Bühnenbild:

Außenbereich einer Eisdiele, Tisch mit 3 Stühlen

Der Sketch:

(Bernd und Brigitte treffen ein, er will sich setzen, sie schaut böse, er steht wieder auf und bietet ihr einen Stuhl an)

Bernd:
Bitte.
Brigitte:
Danke.

(sie setzen sich)

Brigitte:

Ich hoffe, du hast während des Lockdowns nicht alle Benimmregeln vergessen.

Bernd:

Entschuldige bitte. Das muss an der Vorfreude liegen. Endlich kann ich meinen Cappuccino wieder im Sitzen genießen und muss ihn nicht heimlich aus einem Pappbecher in irgendeiner Nische in der Fußgängerzone trinken. Wie nervig das war, Maske runter, einen Schluck trinken, Maske wieder auf, und immer die Gegend im Blick behalten, damit ich die Leute vom Ordnungsamt rechtzeitig erkenne.

Brigitte:

Das ist mal wieder typisch. Du denkst nur an dich und lässt dabei das Wesentliche aus den Augen.

Bernd:

Häh?

(Fesnik erscheint, bringt die Karten)

Fesnik:

Herzlich willkommen im Adria. Schön, dass Sie den Weg zu uns gefunden haben.

Bernd:

Ich habe Ihren Cappuccino wirklich vermisst.

Brigitte:

Wir hatten schon Angst, dass Sie nicht wieder aufmachen.

Fesnik:
Eine unbegründete Sorge, Signorina.

(Fesnik ab, Bernd und Brigitte studieren die Karten)

Brigitte:
Signorina heißt Fräulein, wusstest du das eigentlich? Typisch Italiener, schleimen uns Frauen an und halten sich für tolle Hechte.
Bernd:
Albaner.
Brigitte:
Wie meinst du?
Bernd:
Die Betreiber kommen aus Albanien.
Brigitte:
Und warum heißt die Eisdiele dann Adria?
Bernd:
Albaniens Küste liegt an der Adria.
Brigitte:
Ich denke, Italien liegt an der Adria.
Bernd:
Italien auch, Kroatien und Montenegro ebenfalls.
Brigitte:
Ich habe schon verstanden.
Bernd:
Ich hoffe, du hast während des Lockdowns nicht alle Geographiekenntnisse vergessen. Hhmm…, was nehme ich denn nur?

Brigitte:
Die haben schon wieder die Preise erhöht. Außerdem haben sie schon letztes Jahr die Senkung der Umsatzsteuer nicht an uns weitergegeben. Dabei haben die mit Sicherheit jede Menge Corona-Hilfen eingesackt.
Bernd:
So viel wird das nicht gewesen sein.
Brigitte:
Woher willst du das wissen?
Bernd:
Ich nehme einen Cappuccino.
Brigitte:
Was für eine Überraschung.

(Fesnik kommt zurück)

Fesnik:
Was darf ich ihnen bringen?
Bernd:
Für mich einen Cappuccino und für meine Frau…
Brigitte:
Ich bin mir nicht sicher.
Fesnik:
Kein Problem, lassen Sie sich ruhig Zeit. *(will gehen)*
Brigitte:
Warten Sie.
Fesnik: *(kommt zurück)*
Wir haben ganz neue Fruchteiskreationen im Sortiment.
Brigitte:
Waren Sie eigentlich schon mal in Italien?

Fesnik:
Bitte?
Brigitte:
Haben Sie vielleicht italienische Vorfahren?
Bernd:
Brigitte!
Brigitte:
Wieso? Man wird doch noch fragen dürfen.
Fesnik:
Ich bin einmal mit der Fähre von Durres nach Ancona gefahren.
Brigitte:
Ich nehme einen Ananas-Becher.
Fesnik:
Eine gute Wahl. *(ab)*
Brigitte:
Ich wusste es.
Bernd:
Was wusstest du?
Brigitte:
Das ist doch eine italienische Eisdiele! Es sind nämlich Albaner mit Migrationshintergrund aus Ancona. Erzähl du mir nochmal was von Geographie. *(schaut sich konspirativ um)* Jetzt erklärst du mir, warum die hier nicht so viel Corona-Hilfen bekommen haben sollen.
Bernd: *(ebenfalls konspirativ)*
Das ist doch sonnenklar. Die Corona-Hilfen wurden nach den ausgefallenen Umsätzen bemessen.
Brigitte:
Verstehe ich nicht.

Bernd:
Naja, wenn man so wenig Umsatz hat, weil ein Teil des Umsatzes schwarz am Fiskus vorbei läuft, dann kriegt man eben auch weniger Hilfen.
Brigitte:
Mafia!
Bernd:
Meinst du die albanische oder italienische Mafia? Im Übrigen ist das kein Alleinstellungsmerkmal albanischer Einwanderer mit italienischem Migrationshintergrund. So was hat der alte Hannes in der Kupferkanne schon zu Lebzeiten meines Vaters gemacht, und der war durch und durch Deutscher.
Brigitte:
Der alte Hannes oder dein Vater?
Bernd:
Im Keller hinter den Lebensmittelregalen hat Hannes immer die schwarzen Bierfässer und Kornkisten versteckt. Damit hat er Kohle gemacht. Sein Sohn macht das heute noch.
Brigitte:
Sozusagen Gewohnheitsrecht.
Bernd:
Richtig.

(Medina bringt Eis und Cappuccino, Eisbecher mit Löffel und Plastikstrohhalm)

Medina:
Bitte sehr.

Bernd:
Lecker.
Brigitte:
Vielen Dank.

(Medina ab, Brigitte schaut hinterher)

Brigitte:
Bestimmt wird das arme Mädchen bald zwangsverheiratet. Die Albaner sind so.
Bernd:
Der alte Hannes musste auch heiraten, nachdem er die Liesel geschwängert hatte. Sozusagen auch Gewohnheitsrecht. Aber jetzt sag mal, was du vorhin meintest mit
ich würde das Wesentliche aus den Augen lassen.
Brigitte:
Mit *das Wesentliche* meine ich deinen ökologischen Fußabdruck.
Bernd:
Das musst du mir näher erklären.
Brigitte:
Ich sage nur Pappbecher.
Bernd:
Und?
Brigitte:
Mit jedem Pappbecher vergrößert sich dein ökologischer Fußabdruck. Aber das interessiert dich anscheinend nicht. Stattdessen jammerst du auf hohem Niveau. Lieber solltest du mehr verzichten.

Bernd:
Wieso, ist doch aus Pappe, landet im Altpapier.
Brigitte:
Nix Altpapier, die Becher sind beschichtet und landen im Restmüll. Die kann man gar nicht recyceln.
Bernd:
Woher nimmst du diese Weisheiten?
Brigitte:
Von Saskia.
Bernd:
Aha, daher weht der Wind, unsere Tochter weiß mal wieder alles besser.
Brigitte:
Da steckt eine Menge Wahrheit drin. Saskia ist eben gut informiert, ganz im Gegensatz zu dir. Wenn du noch was zum Thema wissen willst, sie müsste jeden Moment hier sein. Sie wollte erst zu Rossmann und sich dann hier mit uns treffen.
Bernd:
Verstehe, sie spekuliert darauf, dass ich wieder bezahle.
Brigitte:
Stell dich nicht so an.

(Saskia erscheint mit Einkaufstasche, setzt sich)

Saskia:
Hi Mama, hi Papa, entschuldigt, hat etwas länger gedauert.

(Fesnik erscheint)

Fesnik:
Hallo Signorina.
Saskia:
Hi, ich bekomme ein St. Pellegrino.
Fesnik:
Kommt sofort. *(ab)*
Brigitte:
Du kommst genau richtig. Ich war gerade dabei, deinem Vater das Prinzip des ökologischen Fußabdrucks zu erklären.
Bernd: *(hebt Fuß hoch)*
Größe 45, da muss man nichts erklären.
Saskia:
Du machst es dir manchmal zu leicht, Papa.
Brigitte:
Sage ich doch.
Bernd:
Dann bin ich jetzt hier der Buhmann und der große Unwissende?
Saskia:
Du musst dich nicht schämen. Das gilt gewissermaßen pauschal für deine Generation, also für die Jahrgänge 60 bis 70, die haben es echt verbockt.
Bernd:
Und was ist mit eurer Generation?
Saskia:
Genau das meine ich mit verbockt. Ihr habt uns indoktriniert und wir haben mit dem Umlernprozess zu kämpfen.
Bernd:
Auf die Diskussion lasse ich mich nicht ein.

Wir Deutschen sind immer nur die Blöden. Es gibt fast 8 Milliarden Menschen auf der Erde und wir machen gerade mal ein Prozent aus. Die anderen machen viel mehr Dreck als wir.

Saskia:

Weißt du eigentlich, dass wir in Deutschland jährlich rund 19 Millionen Tonnen Kunststoff produzieren, das sind rund 5 % der Menge auf der ganzen Welt. Das mal zu deinen Prozentzahlen.

Bernd:

Ach.

Saskia: *(holt neue Holzzahnbürste aus der Einkaufstasche)*

Schaut mal, eine Zahnbürste aus Holz.

Bernd:

Gruselig, da kriege ich Gänsehaut. Wenn ich nur daran denke, wie sich das im Mund anfühlt.

Brigitte:

Also ich hätte Angst, mir einen Holzsplitter ins Zahnfleisch zu bohren.

(Medina bringt Pellegrino)

Medina: *(hocherfreut)*

Saskia!

Saskia:

Medina, was machst du denn hier?

Medina:

Etwas dazu verdienen, das siehst du doch.

Brigitte:

Darf ich mal stören?

Medina:
Bitte.
Brigitte:
Haben Sie eigentlich viel Plastik in Albanien?
Medina:
Wie meinen Sie das?
Saskia:
Mama, du nervst. *(schaut sich um)* Ist eben nicht viel los, dein Onkel wird sicher nichts dagegen haben, wenn du kurz Pause machst. Komm, wir gehen rein und dann erzählst du mir, wie es dir geht.
Fesnik: *(schaut zu Medina herüber)*
Alles ok?
Medina:
Ja, Onkel, ich will mich nur kurz mit meiner Freundin unterhalten.

(Fesnik, Medina und Saskia gehen in die Eisdiele)

Brigitte:
Hast du gehört? Onkel! So ist das mit den albanischen Italienern, die schleppen nicht nur ihre Töchter, sondern sogar schon ihre Nichten nach Deutschland, um sie dann hier auf dem Ehemarkt zu verschachern.
Bernd:
Da bringst du mich auf eine Idee.
Brigitte:
Wag es ja nicht!

Bernd:
Du traust mir auch alles zu.
Saskia darf sich ihren Mann allein aussuchen.
Brigitte:
Oder ihre Frau.
Bernd:
Gibt es da etwas, was ich wissen sollte?
Brigitte:
Nicht, dass ich wüsste. Ich will eben auf alles gefasst sein.
Bernd:
Alle Welt will einem ein schlechtes Gewissen machen wegen der Umwelt und keiner merkt, dass die Tochter vielleicht lesbisch ist. Eine verrückte Welt ist das.
Brigitte:
Sie ist nicht lesbisch. Krieg dich wieder ein.
Bernd:
Eigentlich wollte ich nur in Ruhe meinen Cappuccino trinken.
Brigitte:
Was hindert dich daran?
Bernd:
Dein Öko-Gequatsche.
Brigitte:
Anscheinend habe ich einen wunden Punkt getroffen. Die Standheizung am neuen Auto war übrigens auch nicht nötig. Aber der Herr wollte es ja warm haben und jetzt verbraucht unser Auto jeden Morgen Benzin, weil die Standheizung läuft, auch bei höheren Plusgraden.
Bernd:
Du musst die Standheizung ja nicht benutzen.

Brigitte:
Wie denn auch? Du sitzt wie eine Glucke auf der Fernbedienung und freust dich wie ein Schneekönig.

(Saskia kommt zurück)

Saskia:
Habt ihr euch gut unterhalten?
Bernd: *(fährt sie an)*
Und eines sage ich dir, wenn ich dir beim Autokauf finanziell unter die Arme greifen soll, dann wag es ja nicht, auch nur an eine Standheizung zu denken!
Saskia:
Wie kommst du denn jetzt darauf?
Bernd: *(brüllt)*
Klimaanlage gibt es auch nicht!
Saskia:
Ist ja schon gut. Also Papa, das hört sich echt so an, als wenn du deinen ökologischen Fußabdruck ernsthaft ändern möchtest.
Bernd:
Aber vorher fangen wir bei deiner Mutter an. *(steht auf)* Herr Ober!
Brigitte:
Pscht! Was soll denn das?
Bernd:
Hör gefälligst auf, mich zu pschen!

(Fesnik erscheint)

Fesnik:
Möchten sie noch etwas haben?
Bernd: *(zeigt auf den Plastikstrohhalm)*
Was ist das da?
Fesnik:
Sind Sie mit dem Eis nicht zufrieden?
Bernd: *(zieht den Strohhalm raus)*
Das ist ein Strohhalm!

(Medina erscheint vom Lärm angelockt)

Fesnik:
Ich weiß.
Bernd:
Aus Plastik!
Fesnik:
Und?
Bernd:
Das ist verboten! Lesen Sie denn keine Zeitung?
Fesnik: *(verärgert)*
Natürlich lese ich Zeitung. Oder glauben Sie etwa, in Albanien gibt es keine Zeitung?
Brigitte:
Kommt die auch mit der Fähre aus Ancona?
Fesnik:
Außerdem gibt es eine Übergangsregelung, nach der wir die Restbestände verbrauchen können. Wenn Sie sich schon informieren, dann bitte richtig.
Bernd: *(zeigt auf das Pellegrino)*
Und was ist das hier?

Fesnik:
Sie werden mir es sicher gleich verraten.
Bernd:
Das Wasser ist von Nestle!
Saskia:
Echt? So ein Mist, das wusste ich nicht. *(schaut hilflos zu Medina)* Dein Onkel hat was von Nestle, das geht gar nicht.

(Medina zuckt nur mit den Schultern)

Brigitte:
Das arme Ding, sagt gar nichts. Aber was kann man von diesem Kulturkreis schon verlangen.
Fesnik:
Wie meinen Sie das?
Brigitte:
Können Sie bei Ihrer Nichte nicht einmal eine Ausnahme machen?
Bernd:
Passen Sie nur auf, dass Ihnen das Finanzamt nicht auf die Schliche kommt.
Fesnik:
Gleich platzt mir der Kragen.
Medina:
Onkel, kommst du bitte mal.
Medina: *(zu Bernd und Brigitte)*
Ich glaube, hier liegen einige Missverständnisse vor.
Brigitte:
Kindchen, Sie sollten den Mann heiraten, den Sie wirklich lieben.

Bernd: *(beiläufig)*
Gibt es das?
Saskia:
Oh nein, jetzt schnalle ich euer Gestammel erst. Mama, Medina hat mir vorhin von ihrer bevorstehenden Hochzeit erzählt. Sie heiratet ihre große Liebe, übrigens fast zwei Meter groß, blond und Besitzer eines Startups. Deutsch!
Brigitte:
Keine Zwangsheirat?
Medina:
Nein, kein Zwang. *(bedrohlich)* Aber ich warne Sie, mein Onkel ist ein Verfechter der albanischen Blutrache, geradezu zwanghaft.
Bernd:
Oh.
Medina:
Er kann gut mit dem Messer umgehen.
Bernd:
Wir möchten zahlen.
Medina:
Onkel, die Gäste möchten zahlen.
Brigitte:
Aber warum denn? Wir unterhalten uns doch gerade so schön.
Saskia:
Ich muss jetzt los, wir sehen uns. *(ab)*
Bernd:
Was habe ich dir gesagt? Vor dem Zahlen macht sie sich dünne.

(Fesnik erscheint mit grimmigen Blick)

Fesnik:
Das macht 9,20 Euro.
Bernd: *(hält ihm einen 50 Euro-Schein hin)*
Hier sind 50 Euro. Stimmt so.

(Bernd fluchtartig ab, zieht Brigitte mit sich, Fesnik schaut einen Augenblick hinterher)

Fesnik: *(laut)*
Vecchia Donna, Stronzo, Idioti, Sapere tutto, Maledetto Tedesco!

(übersetzt: alte Frau, Arschloch, Idiot, Besserwisser, verdammte Deutsche)

Medina:
Onkel, wo hast du gelernt, so auf italienisch zu fluchen?
Fesnik:
Wir haben italienische Vorfahren, wusstest du das nicht? Außerdem war es wirklich angemessen. Solche Ignoranten!
Medina:
Sie sind eigentlich ganz nett. Sie haben nur etwas Probleme mit ihrem ökologischen Fußabdruck.
Fesnik: *(wedelt mit dem Geldschein)*
Dafür stimmt ihr spendabler Fußabdruck, das gleicht es wieder aus.

ENDE

Die Organspende-Polizei

Besetzung:

7 Personen (3m/4w oder 2m/5w)

Polizistin, Handwerkerin mit Bügelsäge, OP-Schwester, Arzt in OP-Kleidung, Richard und Renate (älteres Ehepaar), Sprecher*in

Inhalt:

Die neue geschaffene Organspende-Polizei kontrolliert ein argloses älteres Ehepaar – mit fatalen Folgen für die beiden, die es bislang versäumt haben, sich einen Organspendeausweis zu beschaffen.

Vorsorglicher Hinweis für Verschwörungstheoretiker und diejenigen, die es noch werden wollen: Es gibt keine Organspende-Polizei. Es ist auch nicht beabsichtigt, eine solche Einheit zu schaffen. Die fiktive Organspende-Polizei dient in diesem Sketch einzig und allein der Unterhaltung des Publikums.

Bühnenbild:

beliebig, z.B. Wochenmarkt, Fußgängerzone

Der Sketch:

(Richard und Renate, er trägt einen Einkaufskorb, eine Polizistin stellt sich ihnen in den Weg)

Polizistin:
Halt, Organspende-Polizei!
Renate:
Wie bitte?
Polizistin:
Organspende-Polizei. Das war doch wohl laut und deutlich.
Richard:
Vielleicht lässt du dir den Ausweis zeigen, Liebling?
Renate:
Kann ich mal ihren Dienstausweis sehen?
Polizistin:
Aber natürlich, sehen Sie sich den in Ruhe an.
Renate: *(begutachtet Ausweis)*
Organspende-Polizei? Davon habe ich noch nie gehört.
Polizistin:
Die Einheit wurde ganz frisch gegründet. Wir sind sozusagen die Spezialeinheit von Gesundheitsminister Lauterbach.
Richard:
Ach so.
Polizistin:
Ich war früher im Dezernat VII, Beschaffungskriminalität.
Richard:
Ah ja?
Renate:
Das ist ja sehr schön, aber wir müssen weiter.

(Renate will gehen, Polizistin zieht Waffe)

Polizistin:
Halt! Stehenbleiben!
Renate:
Das ist Freiheitsberaubung!
Richard:
Liebling, nicht doch.
Polizistin:
Kann ich bitte mal Ihre Organspendeausweise sehen?
Richard: *(zischelt leise zu Renate)*
Ich hab´s doch gewusst!
Renate:
Halt den Mund.
Polizistin:
Was ist denn nun?
Renate:
Die haben wir Zuhause vergessen.
Polizistin:
Netter Versuch. Sie wissen aber, dass der Organspendeausweis seit dem 01.04.2019 mitführungspflichtig ist, genau wie der Personalausweis? Wenn Sie ohne unterwegs sind, gibt das ein empfindliches Bußgeld.
Richard: *(wieder leise zu Renate)*
Mach doch nicht alles noch schlimmer.
Renate:
Also gut: Wir haben keine Organspendeausweise.
Polizistin:
Dann haben Sie dafür sicher Ihre Widerspruchserklärung bei der zuständigen Gesundheitsbehörde eingereicht?

Richard:
Siehst du, ich habe immer gesagt, dass wir das machen müssen!
Renate:
Wir lassen uns doch nicht entmündigen.
Polizistin:
Das ist Ihre Sache. Das geht mich nichts an.

(hält die beiden mit Waffe in Schach, nimmt das Funkgerät)

Polizistin:
Dr. Sova, wo sind Sie jetzt? … Ganz in der Nähe? … Sehr gut. Kommen Sie bitte in den Steinweg, ich bin auf Höhe der Ziegenplastik. … Genau, ein Bein und … *(begutachtet Richards Körper)* … vielleicht noch eine Lunge … Moment. *(zu Richard)* Rauchen Sie? *(der schüttelt den Kopf)* … Nichtraucher, Dr. Sova. Also bis gleich dann. *(steckt Funkgerät weg, zu Richard und Renate)*
Es dauert noch ein klein wenig, bitte etwas Geduld.
Renate:
Richard, sag du doch auch mal was!
Richard:
Wieso ich? Sonst hast du doch immer die große Klappe.

(Arzt, OP-Schwester und Handwerkerin erscheinen)

Polizistin:
Hallo Dr. Sova, schön, dass Sie so schnell kommen konnten. Ich glaube, ich habe hier etwas Passendes für Sie.

Sova:
Wunderbar, wirklich ganz wunderbar. Schwester Hunkova, wenn Sie bitte einmal messen würden.
Hunkova:
Sofort, Dr. Sova. *(misst Richards Bein aus)*
Renate:
Was machen Sie denn da? Lassen Sie die Finger von meinem Mann!
Hunkova:
Ich messe.
Renate:
Das sehe ich auch, ich bin ja nicht blöd. Ich meine, warum machen Sie das?
Hunkova:
Für das Beratungsgespräch ist Dr. Sova zuständig.

(Dr. Sova doziert, nimmt Renate ins vertrauliche Gespräch, in der Zwischenzeit macht Hunkova Tests mit medizinischem Hämmerchen am Bein von Richard)

Sova:
Ihr Mann hat wunderbare Beine. Wissen Sie das eigentlich?
Renate:
Richard hat früher Fußball gespielt. Können wir jetzt gehen?
Sova:
Nur Geduld, ganz so schnell geht es nicht. Wissen Sie eigentlich, wie viele Menschen auf ein Spenderbein warten?
Renate:
Nein, das weiß ich nicht.

Richard: *(nervös)*
Renate, langsam bekomme ich Angst.
Sova:
Es ist nicht leicht, ein passendes Bein zu finden.
Hunkova:
Dr. Sova, ein Glückstreffer, alles passt!
Sova:
Aber manchmal hat man auch Glück! Sie können Ihrem Mann gratulieren, denn er wird einem anderen Menschen einen großen Dienst erweisen.
Richard:
Aber wenn ich das nicht möchte?
Sova:
Dann hätten Sie eben die Widerspruchserklärung unterschreiben müssen.
Richard: *(faucht Renate an)*
Du wusstest ja wieder alles besser! *(zu Sova)* Das kann ich doch noch nachholen. Wo soll ich unterschreiben?
Sova:
Dazu ist es jetzt zu spät. Apropos spät: Es wird Zeit, dass wir operieren.
Hunkova: *(zu Richard)*
Möchten Sie Vollnarkose oder nur eine örtliche Betäubung?
Richard:
Also ich weiß nicht …
Handwerkerin: *(zeigt Säge)*
Vollnarkose wäre empfehlenswert.
Renate:
Sie wollen meinem Mann doch nicht wirklich das Bein amputieren?

Sova:
Ich weiß nicht, was Sie wollen. Außerdem hat er immerhin noch ein zweites Bein.
Richard: *(gibt sich geschlagen)*
Also gut, dann bitte einmal mit Vollnarkose.

(Handwerkerin setzt Säge an, Freeze)

Sprecher*in:
Sie sahen einen Werbespot des Bundesgesundheitsministeriums. Wir empfehlen Ihnen dringend, sich rechtzeitig für einen Organspendeausweis und für eine geregelte Organspende zu entscheiden – damit Sie auch morgen noch kraftvoll auf zwei Beinen durchs Leben schreiten können.

ENDE

Sonnenaufgang

Besetzung:

3 Personen (m/w variabel)

Sprecher*in, Polizist*in, Sonnenanbeter*in

Inhalt:

Sonnenaufgang – das Leben erwacht in mehr oder weniger schillernden Facetten. Die Menschen begrüßen den Tag, jeder auf seine ganz spezielle Weise. Ein *Sonnenanbeter* möchte den Tag eigentlich in Ruhe beginnen und gerät stattdessen in ein absurdes Wortgefecht mit einem Polizist.

Bühnenbild:

Parkplatz am Rande eines Stadtparks, Verkehrsschild Behindertenparkplatz, Campingstuhl

Wissenswertes:

Die Toneinspieler können vom Autor als MP3-Dateien kostenfrei zur Verfügung gestellt werden, Informationen unter info@grollundschmoll.de anfordern.

Der Sketch:

*(Einspieler **Hahn**, Licht wird langsam heller, soll Sonnenaufgang simulieren, Sprecher*in betritt Bühne)*

Sprecher*in:
Kennen Sie das Geräusch? Der Hahn hat gekräht, die Sonne geht auf. Ich gebe zu, ich weiß nicht, wo sich hier in der Stadt der nächste Hahn befindet. Vielleicht gibt es einen im Stadtpark? Vögel gibt es hier auf jeden Fall eine Menge. Sie zwitschern bereits, bevor die Sonne am Horizont erscheint. *(hält Ausschau)* Ich kann die Sonne schon sehen. Und da kommt auch schon der erste Sonnenanbeter. Da will ich nicht weiter stören. *(ab)*

*(Einspieler **Vogelgezwitscher**, beim Erscheinen Polizist*in ausblenden)*

*(Sonnenanbeter*in erscheint, trägt Sonnenbrille, in der einen Hand ein Camping- oder Klappstuhl, in der anderen Hand ein Blindenstock, der zusammenklapp- oder –schiebbar ist, tastet sich mit Blindenstock voran, tastet am Parkplatzschild entlang, haut mit Blindenstock heftiger dagegen, hat Ziel gefunden, klappt Stuhl aus, setzt sich, verkleinert Blindenstock, legt diesen auf Boden, lehnt sich zurück, verschränkt die Arme, Polizist*in erscheint, stellt sich hinter Sonnenanbeter*in, verschränkt Arme, tippt mit dem Fuß auf, wartet ab, wird im nachfolgenden Gespräch immer gereizter)*

Polizist*in:
Was machen Sie da?
Sonnenanbeter*in:
Ich höre mir den Sonnenaufgang an.
Polizist*in:
Interessant. Und wie hört er sich so an, der Sonnenaufgang?
Sonnenanbeter*in:
Hören Sie doch selbst.
Polizist*in:
Nur nicht frech werden.
Sonnenanbeter*in:
Ach so, Sie wollen es nicht selbst beurteilen. Also dann, es hört sich gut an.
Polizist*in:
Das ist schön für Sie.
Sonnenanbeter*in:
Finde ich auch.
Polizist*in:
Stehen Sie immer so früh auf?
Sonnenanbeter*in:
Nur, wenn ich mir den Sonnenaufgang anhören möchte.
Polizist*in:
Sie könnten sich den Sonnenaufgang auch einfach nur ansehen.
Sonnenanbeter*in:
Anhören ist aber sehr schön.
Polizist*in:
Mit der dunklen Sonnenbrille ist das bestimmt schwer.

Sonnenanbeter*in:
Die Brille stört mich nicht beim Hören. Die Bügel liegen nur leicht auf den Ohren an.
Polizist*in:
Dass mit dem Ansehen meinte ich.
Sonnenanbeter*in:
Das kann ich nicht beurteilen.
Polizist*in:
Hauptsache, Sie hören gut, nicht wahr?
Sonnenanbeter*in:
Kann ich Ihnen irgendwie helfen?
Polizist*in:
Ich glaube nicht.
Sonnenanbeter*in:
Na dann. Ich höre mir jetzt meinen Sonnenaufgang weiter an, wenn Sie nichts dagegen haben.

*(Einspieler **Vogelgezwitscher** kurz einblenden)*

Sonnenanbeter*in:
Sie sind ja immer noch da. Hören Sie jetzt etwa doch mit?
Polizist*in:
Sie sitzen auf einem Behindertenparkplatz.
Sonnenanbeter*in:
Das macht nichts, ich kann den Sonnenaufgang auch im Sitzen hören.
Polizist*in: *(zeigt auf Schild)*
Da steht ein Schild.
Sonnenanbeter*in:
Das kann ich nicht sehen.

Polizist*in:
Wie bitte? Das sieht doch ein Blinder mit einem Krückstock!

*(Sonnenanbeter*in nimmt Blindenstock, steht auf, tastet mit Blindenstock an Verkehrsschild)*

Sonnenanbeter*in:
Ein Blinder mit einem Krückstock vielleicht, aber ein Blinder mit einem Blindenstock nicht, wie sie unschwer erkennen können. Nun gut, ich will ehrlich sein, ich kann es mit dem Stock fühlen. Der Stock hilft mir auch, Gefahren zu erkennen.

*(Sonnenanbeter*in tastet Polizist*in mit Blindenstock ab, am ganzen Körper lang und auch an der Mütze)*

Sonnenanbeter*in:
Sie sind vom Ordnungsamt, stimmt´s?
Polizist*in:
Können Sie das sehen?
Sonnenanbeter*in:
Nein, aber ich kann es erfühlen, habe ich eben schon erklärt. Außerdem kann ich es mir denken.
Polizist*in:
Aha, und wieso?
Sonnenanbeter*in:
Die vom Ordnungsamt umschwirren die Parkplätze wie Motten das Licht. Außerdem tragen Sie so eine akkurate Mütze.

Polizist*in:
Ich sagte schon einmal, werden Sie nicht frech!
Sonnenanbeter*in:
Verzeihung, ich wollte Ihnen nicht zu nahe treten. Wenn es Sie nicht stört, höre ich mir jetzt meinen Sonnenuntergang in Ruhe weiter an. *(setzt sich)*

*(Einspieler **Vogelzwitscher** kurz einblenden)*

Polizist*in:
Das hier ist übrigens ein Behindertenparkplatz.
Sonnenanbeter*in:
Ich weiß.
Polizist*in:
Ach, das haben Sie wohl gesehen? Die Sonne können Sie nicht sehen, aber die Zeichen auf dem Schild haben Sie erkannt? Sie wollen mich wohl für dumm verkaufen?
Sonnenanbeter*in:
Ich möchte nichts verkaufen. Ich möchte einfach nur in Ruhe hören, wie die Sonne aufgeht.
Polizist*in:
Wie ich eben schon sagte, es handelt sich um einen Behindertenparkplatz.
Sonnenanbeter*in:
Wie ich ebenfalls schon sagte, ich weiß es.
Polizist*in:
Zeigen Sie mir mal Ihren Behindertenausweis.
Sonnenanbeter*in:
Möchten Sie ihn sehen oder hören?

Polizist*in:
Treiben Sie es nicht auf die Spitze.

*(Sonnenanbeter*in holt Ausweis aus Jacken- o. Hosentasche, Polizist*in überprüft Ausweis und wirft diesen in hohem Bogen weg, Sonnenanbeter*in hält regungslos die Hand auf und wartet auf Rückgabe)*

Sonnenanbeter*in:
Kann ich ihn zurückhaben?

*(Polizist*in hebt Ausweis auf und gibt diesen zurück)*

Polizist*in:
Das war ein Test. Ich wollte sehen, ob Sie versuchen, ihren Ausweis aufzufangen.
Sonnenanbeter*in:
Und wenn ich das versucht hätte?
Polizist*in:
Dann wären Sie nicht blind und der Ausweis wäre gefälscht.
Sonnenanbeter*in:
Sie ermitteln in alle Richtungen, nicht wahr?
Polizist*in:
Ich war früher bei der Kripo.
Sonnenanbeter*in:
Warum hören Sie nicht einfach in Ruhe der Sonne zu?
Polizist*in:
Hier dürfen nur Behinderte parken.
Sonnenanbeter*in:
Und?

Polizist*in:

Nur mit Rollstuhl, das sieht man auf dem Schild. Sie sitzen aber auf einem Campingstuhl.

Sonnenanbeter*in:

Ist das etwa verboten?

Polizist*in:

Es ist nicht grundsätzlich verboten, aber hier ist auch nicht ausdrücklich erlaubt.

Sonnenanbeter*in:

Das ist ein Behindertenparkplatz, ich bin sehbehindert und ich sitze in einem Stuhl.

Polizist*in:

Das gilt aber nur, wenn Sie ihr Auto hier parken und zusammen mit dem Stuhl aussteigen. Das ist in erster Linie ein Parkplatz für Autos, nicht für Stühle und schon gar nicht für Campingstühle.

Sonnenanbeter*in:

Und wenn ich in einem Rollstuhl sitzen würde?

Polizist*in:

Langsam machen Sie mich wahnsinnig!

Sonnenanbeter*in:

Hier sind noch mehr Parkplätze und bevor Sie hier auftauchten, war ich ganz allein.

Polizist*in:

Das ist mir egal, die Vorschriften gelten für alle. Sind Sie mit einer gebührenpflichtigen Verwarnung einverstanden?

Sonnenanbeter*in:

Nein, warum sollte ich?

Polizist*in:

Das war eine rhetorische Frage.

Sonnenanbeter*in:
Ich habe rhetorisch geantwortet.

*(Sonnenanbeter*in klappt seinen Stuhl zusammen, macht ein paar Schritte, will Parkplatz verlassen)*

Polizist*in:
Was machen Sie da?
Sonnenanbeter*in:
Meinen Sie rhetorisch oder in echt? *(geht ab)*
Polizist*in: *(perplex)*
Also, das ist doch! … Moment, warten Sie! Sie haben mir noch nicht auf meine Frage geantwortet! Sind Sie jetzt mit einer gebührenpflichtigen Verwarnung einverstanden?
So ein Stress, ausgerechnet bei meiner Sonntagsschicht. Ich hasse meinen Job!

ENDE

Frühsport

Besetzung:

3 Personen (m/w variabel)

Sprecher*in, Polizist*in, Sportler*in

Inhalt:

Jemand sucht persönliche Erfüllung im Frühsport. Dabei gehört Rücksichtnahme nicht unbedingt zum Repertoire.

Bühnenbild:

Parkplatz am Rande eines Stadtparks, Verkehrsschild Behindertenparkplatz, Sportler*in mit Bluetooth-Lautsprecher

Wissenswertes:

Die Toneinspieler können vom Autor als MP3-Dateien kostenfrei zur Verfügung gestellt werden, Informationen unter info@grollundschmoll.de anfordern.

Der Sketch:

*(Einspieler **Vogelgezwitscher**, Sprecher*in betritt Bühne)*

Sprecher*in:
Den Sonnenaufgang genießen, bevor das rege Treiben beginnt, auch hier auf diesem Behindertenparkplatz. Es ist übrigens ein Greuel, wenn Behindertenparkplätze von Nichtberechtigten blockiert werden. Zum Glück ist das nicht der einzige Behindertenparkplatz hier am Rande des Stadtparks. *(zeigt mit Geste)* Dort sind noch mehr. *(blickt in die Ferne)* Wenn ich mich nicht irre, dürfte gleich einer davon belegt werden, sicher von einem ordnungsgemäß Berechtigten. Oh, ein schönes Gefährt, ein alter Porsche 928. *(ab)*

(Einspieler ***Porschegeräusch****, Sportler*in steigt aus, Sportler*in mit schrillem Sport-Outfit bekleidet, trägt eine Bluetooth-Box, stellt diese auf die Erde)*

Sportler*in:
Ab in die Heia, mein Schatz. *(steckt seinen Autoschlüssel in den Bauchgurt, gibt dem Schlüssel vorher noch einen Kuss)* Den Schlüssel zu meinem Porsche bewahre ich wie einen Schatz auf, auf den passe ich auf. Genau wie auf meinen großen Schatz, meinen wunderbaren Porsche 928. Man muss sein Fahrzeug gut pflegen, wenn man lange etwas davon haben möchte, so wie man auch sich pflegen muss. Und deshalb machen wir unseren Frühsport auch immer gemeinsam, mein Porsche und ich. Er macht eine kleine Ausfahrt und ich einen kleinen Auslauf. Was für eine herrliche Ruhe hier am Stadtpark, einfach wunderbar zum Warmmachen. Bevor ich im Park jogge, mache ich immer Dehnungs- und Auflockerungsübungen. Das ist wichtig für mich. Ach, wie herrlich, diese Ruhe.

(holt Handy aus Bauchgurt, drückt auf Schalter an Bluetooth-Box, macht Musik am Handy an, sehr laut Einspieler Instrumental ***Spacey*** *laufen lassen, steckt Handy zurück in Bauchgurt, beginnt mit Aufwärmübungen, gern überzogen und albern dargestellt, nach einigen Sekunden drückt Sportler*in an Bluetooth-Box auf leise, Einspieler* ***Spacey*** *aus)*

Sportler*in:
Ich bin ökologisch, wähle die Grünen und bin überhaupt sehr umweltbewusst. Deshalb fahre ich mit meinem Porsche auch nur kurze Strecken. Dabei fahre ich äußerst umsichtig, so dass mein Schätzen mit nur 20 Litern auf 100 km auskommt. Früher hat er weniger verbraucht, aber seit die damals das bleifreie Benzin eingeführt haben und irgendwann auch die letzte Zapfsäule mit verbleitem Benzin abgebaut haben, ist der Verbrauch leicht gestiegen. Zum Glück wurde von der zwangsweisen Umstellung auf E 10 abgesehen. Ich weiß nicht, ob mein Schätzchen das überlebt hätte.

(drückt auf Schalter an Bluetooth-Box, sehr laut Einspieler ***Spacey****, turnt weiter, Polizist*in erscheint und schaut sich das mit verschränken Armen einen Augenblick lang an)*

Polizist*in: *(brüllt)*
Genießen Sie auch den Sonnenaufgang?
Sportler*in: *(brüllt)*
Was?
Polizist*in: *(brüllt)*
Den Sonnenaufgang!

Sportler*in: *(brüllt)*
Ach so, den Sonnengruß. Ich glaube, der geht so.

*(Sonnengruß ist eine Yoga-Übung, Sportler*in macht ein paar Bewegungen dieser Art)*

Polizist*in: *(brüllt)*
Gehört Ihnen der Porsche dort auf dem Behindertenparkplatz?
Sportler*in: *(brüllt)*
Was?
Polizist*in: *(brüllt)*
Machen Sie mal die Musik leise!

*(Sportler*in drückt Schalter an Bluetooth-Box, Einspieler **Spacey** aus)*

Sportler*in:
Ich war sowieso gerade fertig.
Polizist*in:
Ihre Musik war ziemlich laut, hart an der Grenze zur Ruhestörung.
Sportler*in:
Naja, ich begrüße den Sonnenaufgang nun mal mit Musik und Sport. Oder glauben Sie etwa, ich bin hier, um mir den Sonnenaufgang anzuhören?
Polizist*in:
Was ich glaube, tut hier nichts zur Sache. Ich mache nur meinen Job.

Sportler*in:
Und der wäre?
Polizist*in:
Dreimal dürfen Sie raten.
Sportler*in:
Fein, ich liebe Ratespiele. Also gut, fangen wir an. Arbeiten Sie auf dem Wochenmarkt?
Polizist*in:
Wie bitte?
Sportler*in:
Jetzt weiß ich, Sie sind von einer Gartenbaufirma und pflegen den Stadtpark! Das ist aber schön, und ökologisch.
Polizist*in:
Haben Sie etwas geraucht?
Sportler*in:
Ach so, Sie handeln mit Tabakprodukten, auch schön.
Polizist*in:
Jedenfalls steht der Porsche auf einem Behindertenparkplatz und hinter der Windschutzscheibe kann ich keinen Behindertenausweis erkennen.
Sportler*in:
Und was habe ich damit zu tun?
Polizist*in:
Ich dachte, Sie haben vielleicht gesehen, wohin der Fahrer gegangen ist. Immerhin waren Sie ganz in der Nähe.
Sportler*in:
Sie möchten also, dass ich jemanden denunziere?
Polizist*in:
Ich würde die Aufklärung eines Verbrechens nicht unbedingt als Denunzieren bezeichnen.

Sportler*in:
Seit wann ist ein Parkverstoß ein Verbrechen?
Polizist*in:
Sie haben Recht, da ist eben meine Vergangenheit mit mir durchgegangen.
Sportler*in:
Jetzt ist mir alles klar. Sie sind kriminell!
Polizist*in:
Nein, aber ich war früher bei der Kripo.
Sportler*in:
Ach so.
Polizist*in:
Und?
Sportler*in:
Ich glaube, ich erinnere mich.
Polizist*in:
Na sehen Sie, geht doch.
Sportler*in:
Der Fahrer ist ausgestiegen und zum Kiosk dort hinten gegangen.

(zeigt in die dem Porsche entgegengesetzte Richtung)

Polizist*in:
Danke. *(ab)*

*(Sportler*in nimmt die Bluetooth-Box, geht zum Porsche, Einspieler* ***Porsche****, Sportler*in fährt weg, Polizist*in eilt zurück, abgehetzt)*

Polizist*in: *(perplex)*
Also, das ist doch! … Moment, warten Sie! Was ist hier heute früh eigentlich los? Sind denn alle verrückt geworden?

*(Polizist*in ab oder ins Freeze)*

Sprecher*in:
Frühsport in allen Ehren, so wie in diesem Fall halte ich es nicht für empfehlenswert. Wenn Sie als das nächste Mal ihren Tag mit Aufwärmübungen machen, achten Sie doch bitte darauf, dass Sie das nicht auf einem Behindertenparkplatz machen.

ENDE

Auf dem Spielplatz

Besetzung:

5 Personen (variabel von 3m/2w bis 1m/4w)

Sprecher*in, Polizist*in, Janina, Saskia, Falco,

Inhalt:

Auf dem Spielplatz treffen sich Eltern, erfreuen sich am Spiel ihrer Kinder und haben dabei das Wohl ihrer lieben Kleinen in Sinn. Kinderlachen begrüßt den Tag. Hinter der fröhlichen Kulisse verbergen sich jedoch Spannungen der zwischenmenschlichen Art und im Sandkasten geht es nicht so friedlich zu, wie es zunächst den Anschein hat.

Bühnenbild:

zwei Bänke auf dem Spielplatz, zwei Kinderkarren/Buggys

Wissenswertes:

Die Toneinspieler können vom Autor als MP3-Dateien kostenfrei zur Verfügung gestellt werden, Informationen bitte unter info@grollundschmoll.de anfordern.

Der Sketch:

(Einspieler ***Vogelzwitscher,*** *Sprecher*in betritt Bühne)*

Sprecher*in:
Der Tag nimmt seinen Lauf. Nach dem Erscheinen von Sonnenanbetern und Frühsportlern kehrt so langsam Leben im Park und auf dem Spielplatz ein. Eltern lassen ihre Kinder einträchtig nebeneinander spielen und einfach Kind sein. Hier ist das Leben noch in Ordnung, besonders heute, denn es ist Sonntag und die Kinder sind nicht in der Kita. Das bedeutet, Eltern und Kinder können viel Zeit miteinander verbringen. Spielerisch lernen die Kinder eine Menge fürs Leben. Dabei stehen Rücksichtnahme, Ehrlichkeit und Toleranz auf dem Lehrplan ihrer Eltern an erster Stelle. Wo man sich umschaut auf dem Spielplatz, die Kinder sind einfach gut drauf. *(ab)*

*(Einspieler **Kinderjubel,** Einspieler **Babylachen**)*

(Janina und Saskia betreten die Bühne, setzen sich auf Bank, beide haben Karre/Buggy dabei, ihre Kinder spielen, beide blicken entsprechend der Texte in die Richtung, in der die Kinder spielen, sie tippen ständig auf dem Smartphone, haben also den Blick fast immer darauf gerichtet)

Janina:
Oliver ist so ein Arschloch!
Saskia:
Das habe ich dir von Anfang an gesagt, aber du konntest ja nicht genug kriegen.
Janina:
Er hat ein neues Profilbild auf Facebook mit seiner Schlampe Jasmin.

Saskia:
Ganz ehrlich: Oliver und Jasmin sind verheiratet. Da ist es nicht ungewöhnlich, wenn beide auf einem Profilbild zu sehen sind.
Janina:
Trotzdem muss man nicht alle Welt mit seinem privaten Glück belästigen.
Saskia:
Einen Knackarsch hat er ja, insofern konnte ich es schon verstehen, dass du dich an ihn ran gemacht hast, obwohl er verheiratet ist.
Janina:
Und ich hatte so gehofft, dass Jaden-Pascal endlich einen neuen Vater bekommt. *(ruft laut)* Jaden-Pascal! Nicht mit Sand werfen!
Saskia:
Lass ihn doch. Auf dem Spielplatz lernt man fürs Leben.
Janina:
Mit Sand werfen?
Saskia:
Sonst hat man später im Berufsleben auf Sand gebaut. *(laut)* Jaden-Pascal, den Sand aber nicht auf Chenoa-Freedom werfen! *(schaut wieder aufs Smartphone*) Oh neh, schon wieder die Geschwistergruppe. *(zeigt Janina Bildschirm)* Mein Bruder ist echt bescheuert.
Janina:
Seine neue Freundin?
Saskia:
Unsere Mutter ist es jedenfalls nicht.

(laut) Cheona-Freedom, wie oft habe ich dir schon gesagt, du sollst keinen Sand essen. Da scheißen die Katzen rein. *(Blick auf Smartphone)* Wie niedlich, Henri hat neue Fotos von seinen Siam-Katzen auf Instagram gepostet.

Janina: *(blickt in andere Richtung)*
Saskia, da hinten kommt schon wieder dieser Falco.

Saskia:
Der Typ ist garantiert nur in Elternzeit, damit er hier auf dem Spielplatz uns Mütter anbaggern kann.

Janina:
Da ist er bei mir aber an der falschen Adresse. Auf den falle ich nicht rein.

Saskia:
Warum? Sein Hintern ist auch nicht übel.

Janina:
Ich traue ihm nicht. Vielleicht hat der gar kein eigenes Kind. Wenn das Kind nur geliehen ist? Nur eine Masche? Guck mal, jetzt lädt er seinen geliehenen Sohn am Sandkasten ab.

Saskia: *(laut)*
Hallo Falco.

Janina: *(laut)*
Morgen.

(beide winken ihm zu)

Janina:
Wenn ich diesen Namen schon höre: Laurenz. Wie kann man sein Kind nur Laurenz nennen? Der denkt wohl, er ist was besseres. Noch so ein Typ, der sein Kind in der zweiten Klasse schon zur Englisch-AG anmeldet.

Saskia:
Er kommt zu uns rüber. Ich wusste es. *(laut)*
Chenoa-Freedom, mach Platz für den kleinen Laurenz.
Janina: *(laut)*
Du auch, Jaden-Pascal.

(Falco betritt die Bühne)

Falco:
Darf ich?

(setzt sich auf die andere Bank Janina setzt sich zu ihm, Saskia erstaunt, wendet sich wieder ihrem Smartphone zu)

Janina:
Hi Falco, auch wieder hier?
Falco:
Muss ja, die Kita ist zu. Laurenz hat gestern einen Zahn verloren.
Janina:
Das ist aber toll. Und, was hat ihm die Zahnfee geschenkt? Chenoa-Freedom freut sich immer tierisch auf das Geschenk der Zahnfee.
Falco:
Also eigentlich war die Zahnfee gar nicht da. Laurenz ist hingefallen und hat sich den Zahn ausgeschlagen.
Janina:
Der kleine Professor ist eben ein Grobmotoriker.
Falco:
Wie meinst du das?

Janina:
Laurenz ist übrigens ein toller Name.
Falco:
Ein Kaffee wäre jetzt nicht schlecht.
Janina:
Um die Ecke gibt es einen Kiosk. Wir können uns einen holen.

*(Polizist*in kommt suchend auf die Bühne)*

Polizist*in:
Haben Sie zufällig einen Porschefahrer gesehen? Der hat verbotenerweise auf einem Behindertenparkplatz gestanden und ist dann abgehauen.
Janina:
Nein.
Falco: *(zeigt auf die Kinderkarren/Buggys)*
Wir sind eher nicht so stark motorisiert.
Polizist*in: *(genervt)*
Sehr witzig.
Falco:
Fand ich auch.

*(Polizist*in will weitergehen)*

Falco:
Sie wissen nicht zufällig, um was für einen Typ es sich handelt?
Polizist*in: *(hält inne)*
Das kann ich Ihnen sagen, wenn ich ihn gefunden habe.

Falco:
Ich meine das Fahrzeug.
Polizist*in:
Ach so. Es ist ein Porsche 928. Sozusagen ein Oldtimer. Können Sie mir jetzt helfen oder nicht?
Falco:
In einem Viertel nicht weit von hier steht eine Villa. Da habe ich schon öfter so einen Porsche gesehen.
Polizist*in:
Danke. *(ab)*
Falco:
Hat gar nicht gefragt, wo sich die Villa befindet.

*(Polizist*in hetzt zurück)*

Polizist*in:
Sagen Sie, wo befindet sich die Villa?
Falco: *(zu Janina)*
Na, was habe ich gesagt? *(zeigt den Weg)* Von-Droste-Hülshoff-Allee, irgendwo im Bereich ab Hausnummer 40.
Polizist*in:
Danke. *(ab)*

*(Einspieler **Kinderweinen**)*

Falco: *(blickt zu den Kindern)*
Laurenz wurde von Jaden-Pascal getreten!
Saskia:
Lass ihn doch. Auf dem Spielplatz lernt man fürs Leben.

Falco:
Laurenz hat aber nicht die Absicht, später mal Mitglied einer Straßengang zu werden.
Saskia:
Schon klar, dass dein kleiner Professor sich später garantiert nicht die Hände schmutzig macht. Er wird sicher mal Akademiker.
Falco:
Höre ich da vielleicht ein Vorurteil heraus, dass seinen Ursprung im Namen Laurenz hat? Da mache ich mir lieber mal keine Gedanken darüber, welchen Weg ein Mensch mit dem Namen Jaden-Pascal einschlagen wird.
Saskia:
Apropos einschlagen, ich glaube, dein kleiner Professor schlägt meinem Jaden-Pascal gleich den Schädel ein.
Falco: *(laut)*
Laurenz, leg den Pflasterstein wieder weg, hörst du?

*(Einspieler **Kinderweinen**)*

Saskia:
Jaden-Pascal blutet! *(ab)*
Falco:
Laurenz, wenn du nicht gleich den Pflasterstein fallen lässt, darfst du heute abend nicht mehr Playstation spielen. Hörst du? Laurenz, lass Chenoa-Freedom in Ruhe! Laurenz! *(ab)*
Janina:
Chenoa-Freedom, lass sofort das Messer fallen! *(ab)*

*(Einspieler **Kinderweinen,** Bänke abbauen, nach einem*

Moment erscheinen Janina und Falco mit Kaffee to go auf der Bühne, sie trägt einen Becher, er zwei Becher)

Janina:
Das mit dem Professor habe ich vorhin nicht so gemeint.
Falco:
Habe ich sowieso nicht ernst genommen.
Janina:
Ich war richtig froh, als Laurenz den Stein endlich weggeschmissen hat.
Falco:
Die Mutter von dem Jungen, der vom Stein getroffen wurde, aber nicht.
Janina:
Immerhin hat es den Richtigen getroffen. Fynn-Delorian ist so ein richtiger Giftzwerg.
Falco:
Fynn was?
Janina:
Delorian.
Falco:
Upps.
Janina:
Seine Mutter heißt Bella-Abbygail.
Falco:
Na dann.
Janina:
Übrigens nett von dir, mich zu einem Kaffee einzuladen. Obwohl Saskia ziemlich dumm aus der Wäsche geschaut hat, als wir sie mit den Kindern allein gelassen haben.

Falco:
Einer musste ja da bleiben. Außerdem hast du neben mir gesessen. Es war also naheliegend, dass wir zusammen gehen.
Janina:
Ich komme mir vor wie in der 8. Klasse.
Falco:
Warum?
Janina:
Wegen der Redewendung, wie früher: zusammen gehen.
Falco:
Ach so! Das war nicht so gemeint.
Janina:
Jaden-Pascal wünscht sich so sehr einen Vater.
Falco:
Hat er keinen?
Janina:
Biologisch schon, praktisch aber nicht. Der hat sich noch vor der Geburt dünne gemacht.
Falco:
Das tut mir leid.
Janina:
Sei´s drum, es ist besser so. Laurenz und Jaden-Pascal könnten sich doch mal zum Spielen treffen. Was hältst du davon?
Falco:
Das ist eher schlecht mit Terminen, da muss ich erst mal schauen.
Aber wenn du willst, können wir uns gern allein treffen.
Janina:
Verstehe ich nicht. Ich denke, du hast Terminnot.

Falco:
Abends geht es besser.
Janina:
Und Laurenz?
Falco:
Das geht schon. Was ist, kannst du heute abend?
Janina:
Du gehst aber ran. *(blickt zur Seite)* Oh, da kommt Saskia. Die schaut ziemlich sauer drein.
Falco:
Verstehe ich, wir haben solange gequatscht und jetzt ist der Kaffee kalt. Das mit heute abend bleibt unter uns, ok?
Janina:
Ich habe noch nicht zugesagt.

(Saskia erscheint mit wütendem Gesichtsausdruck)

Saskia: *(gehässig)*
Habt ihr euch gut unterhalten?
Falco:
Entschuldige, wir haben nicht an den Kaffee gedacht.
Saskia:
Kalter Kaffee interessiert mich nicht. Es geht um Laurenz.
Falco:
Hat er wieder mit Steinen geworfen?
Saskia:
Sag mal, wie alt ist Laurenz eigentlich?
Falco:
Fünf?

Saskia:
Bist du dir sicher?
Falco:
Sechs?
Janina:
Was läuft hier?
Falco:
Mit dem Alter komme ich immer durcheinander.
Saskia:
Er musste vorhin pinkeln.
Falco:
Das kommt vor.
Saskia:
Da habe ich seine Narbe am Bauch gesehen, ziemlich heftig.
Falco:
Die ist von einem Unfall.
Janina:
Saskia, kannst du mir mal verraten, was dein Gequatsche soll?
Saskia:
Das kann ich gern verraten. Laurenz ist gar nicht sein Sohn. Laurenz hat außerdem keine Narbe am Bauch!
Falco:
Echt jetzt?
Saskia:
Falco hat sich Laurenz nur geliehen, um Frauen anzugraben. Cheyenne Schultz ist nämlich vorhin auf dem Spielplatz aufgetaucht und hat mir brühwarm erzählt, dass Laurenz aus der Nachbarschaft ist und dass sein Vater Thomas heißt.

Janina:
Ich wusste es! Von Anfang an habe ich es geahnt!
Falco:
Was denn?
Janina:
Du leihst dir Kinder aus, um uns unschuldige Mütter auf dem Spielplatz anzugraben.
Falco:
Also erstens: Ich habe nicht einmal behauptet, ich wäre Laurenz Vater. Zweitens: Thomas ist mein Kumpel und ich helfe ihm und seiner Frau gern mal aus und ziehe mit dem Kleinen um die Häuser. So haben die beiden mal Zeit für sich. Drittens: Du hast mich eindeutig zuerst angegraben, schon vergessen?
Und viertens: Euren Kaffee könnt ihr schön allein trinken. Und Tschüss!

(drückt Saskia einen Kaffeebecher in die Hand, geht ab)

Saskia: *(schaut Janina verständnislos an)*
Oh man, Janina!
Janina:
Was denn?
Saskia:
Was hast du zu deiner Verteidigung zu sagen?
Janina:
Oliver ist so ein Arschloch!

ENDE

Es ist nicht leicht mit ihm

Besetzung:

5 Personen (variabel von 3m/2w bis 1m/4w)

Sprecher*in, Polizist*in, Marta Müller, ihr Sohn Jens, Nachbarin Rita Renderloh

Inhalt:

Beim Herausschieben der Mülltonne begegnet man Nachbarn mit höflicher, aber nicht unbedingt der gebotenen Aufmerksamkeit. Wenn sich dann noch Berührungsängste im Umgang mit behinderten Menschen und Ignoranz paaren, ist Tragikomik nicht weit.

Bühnenbild:

zwei rollbare Mülltonnen, Grundstückszaun mit Briefkasten, Straßenschild mit Aufschrift „Von-Droste-Hülshoff-Allee“, am Zaun Schild HausNr. 40

Wissenswertes:

Die Toneinspieler können vom Autor als MP3-Dateien kostenfrei zur Verfügung gestellt werden, Informationen bitte unter info@grollundschmoll.de anfordern.

Der Sketch:

(Jens spricht langsam, er hat eine Behinderung, er ist Luft für die ignorante Nachbarin Frau Renderloh)

(Einspieler **Vogelgezwitscher,** *Sprecher*in erscheint)*
Sprecher*in:
Wir befinden uns in der Von-Droste-Hülshoff-Allee, Haus Nr. 40. Hier wohnt Jens. Fürs Leben lernt er in der Förderschule und bei seiner Mutter. Die Nachbarin Rita Renderloh mag jedoch nicht so recht mit ihm warm werden. Aber sehen Sie selbst. *(ab)*

(Jens zieht Mülltonne, Frau Müller geht hinterher, er stellt Mülltonne ab, es ist Sonntag, die Tonnen sind voll und sollen am Folgetag geleert werden, Tonnen daher mit etwas befüllen, damit diese beim Schieben/Ziehen nicht so leer klingen)

Jens:
Gut?
Marta:
Ja, das hast du gut gemacht, Jens.
Jens:
Gut gemacht.
Marta:
Sogar sehr gut gemacht.
Jens:
Sehr gut gemacht.

(Jens begutachtet die Tonne, öffnet mehrfach vorsichtig den Deckel, streicht am Rand der Tonne, vergewissert sich, dass alles seine Ordnung hat, Rita Renderloh erscheint, will die Zeitung aus dem Briefkasten holen)

Marta:
Guten Morgen Frau Renderloh. Na, holen Sie die Sonntagszeitung für ihren Mann?
Rita:
Hallo Frau Müller.

(Rita nimmt Zeitung heraus, will wieder ins Haus, Jens untersucht während des folgenden Dialoges weiter die Tonne)

Marta:
Sie haben Ihre Tonne noch gar nicht rausgestellt. Soll Jens das für Sie machen?
Rita:
Kann er das überhaupt?
Marta: *(blickt auf Jens)*
Wie sieht es denn aus?
Jens:
Gut gemacht.
Rita:
Ich meine ja nur, weil er doch … ich wollte nachher noch spazierengehen, dann kann ich die Tonne selbst rausstellen.
Jens:
Heute ist Sonntag, ich stelle die Tonne raus.

Rita: *(ignoriert Jens)*
Sicher hat er das lange üben müssen, also das mit der Tonne. Sagen Sie, wie halten Sie das eigentlich aus?

Marta:
Wie meinen Sie das?

Jens:
Gut gemacht.

Rita:
Das eben.

Marta:
Was?

Rita:
Immer dieses Nachäffen. Das würde mich wahnsinnig machen.

Marta:
Finden Sie?

Rita:
Ich meine ja nur. Es ist bestimmt nicht leicht mit ihm.

Marta:
Jens.

Rita:
Was?

Marta:
Mein Sohn heißt Jens.

Rita:
Das weiß ich doch.

Jens:
Mein Name ist Jens.

Marta:
Warum sagen Sie dann *nicht leicht mit ihm*?

Jens:
Jens Müller.
Rita:
Ihm ist doch richtig, ich kann ja nicht ihr sagen, er ist schließlich ein Junge. *(ggfs. „junger Mann", je nach Alter des Darstellers)*
Marta:
Das meine ich nicht.
Rita:
Wie dem auch sei, es ist bestimmt nicht leicht mit ihm.
Marta:
Jetzt haben Sie es schon wieder gesagt.
Rita:
Was denn?
Jens:
Nicht leicht mit ihm.
Rita:
Er äfft nach. Aber er ist ja auch … also nicht so wie die anderen.
Jens: *(zu seiner Mutter)*
Es ist nicht leicht mit ihr.
Marta:
Ich weiß, Jens.
Rita:
Nicht leicht mit ihm, er ist doch ein Junge. Ihr ist falsch, es muss ihm heißen, nicht ihr, aber das kann er ja nicht wissen.
Marta:
Er meinte nicht sich, sondern Sie.
Rita:
Mich?

Jens:
Nicht leicht mit ihr, Mama.
Rita:
Ich muss jetzt wieder rein, ich habe keine Zeit für solche Gespräche.
Jens:
Ich hole die Tonne. *(ab)*
Rita:
Nicht doch! Ich will nicht Schuld sein, wenn er sich verletzt.
Marta:
Jens.
Rita:
Was?
Marta:
Mein Sohn heißt Jens.
Rita:
Warum wiederholen Sie das andauernd. Das weiß ich doch. Wenn Sie immer alles wiederholen, wundert mich das nicht, dass er alles nachäfft. *(blickt hektisch Richtung Jens)*
Er soll aufpassen!

(Jens schiebt zweite Tonne auf die Bühne, begutachtet die Tonne, öffnet mehrfach den Deckel, streicht am Rand der Tonne, vergewissert sich, dass alles seine Ordnung hat)

Rita:
Was macht er da?
Marta:
Er prüft die Tonnen, das macht er immer so. Es macht ihm großen Spaß.

Rita:

Will er nicht reingehen und sich fertig machen? Er wird doch um die Zeit immer vom Bus der Lebenshilfe abgeholt und in die Einrichtung gebracht.

Marta:

Heute ist Sonntag, also schulfrei. Förderschule nennt man das übrigens.

Rita:

Lernt er da eigentlich auch Schreiben?

Marta:

Ich weiß nicht, was sie früher in der Schule gelernt haben, aber ja, Jens lernt dort auch Schreiben.

(Jens kommt zu seiner finalen Schlussprüfung, öffnet abwechselnd die Deckel der Tonnen und knallt diese mit großer Freude wieder zu, Rita zuckt zusammen, spricht laut gegen das Deckelklappern an)

Rita:

Mach den Deckel nicht kaputt, hörst du?

Marta:

Die sind stabil, da passiert schon nichts.

Rita:

Und wenn doch? Lass das jetzt!

*(Polizist*in erscheint suchend)*

Polizist*in: *(spricht laut gegen das Klappern an)*
Können Sie mir sagen, wo die Von-Droste-Hülshoff-Allee ist?
Marta:
Hier sind Sie richtig.
Polizist*in:
Fahren Sie einen Porsche?
Marta:
Warum?
Polizist*in:
Ich suche einen Parksünder. Der stand auf dem Behindertenparkplatz, unberechtigterweise.
Jens: *(hört auf zu klappern)*
Porsche?
Rita:
Endlich.
Polizist*in:
Genauer gesagt, ein Porsche 928.
Jens:
Porsche!
Rita:
Er kann nichts dafür, wenn sie versehen, was ich meine.
Polizist*in:
Was ist nun, haben Sie so ein Fahrzeug?
Marta:
Außer den beiden Mülltonnen sehe ich hier kein Fahrzeug.
Polizist*in:
Sie sind mir keine Hilfe.
Marta:
Aber weiter hinten bei den Villen, da gibt es einen Porsche.

Polizist*in:
Warum nicht gleich so? *(ab)*
Jens:
928. *(fängt wieder an zu klappern)*
Rita:
Er soll endlich mit dem Lärm aufhören!
Marta:
Beruhigen Sie sich doch.
Jens:
Die Deckel klappen auf und zu.
Rita:
Meine Tonne!
Marta:
Wollten Sie nicht zurück ins Haus?

(Jens klappert lauter und schneller mit den Deckeln)

Rita:
Das ist ja nicht auszuhalten!

(Rita ab, Jens schaut ihr hinterher und hört mit Klappern auf, beginnt damit, die Tonnen weiter zu untersuchen)

Marta:
Sag mal, Jens, du klapperst doch sonst nicht so mit den Deckeln. War das etwa Absicht?
Jens: *(verschmitzt)*
Vielleicht.
Marta:
Denkt sie etwa, du bist ein Außerirdischer?

Jens:

Es ist nicht leicht mit ihr.

Marta:

Wie wahr.

Jens:

Wirklich nicht leicht mit ihr.

Marta:

Manche Menschen sind einfach nur unglaublich. Das ist noch höflich ausgedrückt. Ich ärgere mich jedes Mal, wenn sie dich wie Luft behandelt und dich noch nicht mal mit Namen anspricht.

Jens:

Aber Mama, sei doch nicht so böse mit Frau Renderloh. Vielleicht kann sie gar nichts dafür, vielleicht ist sie einfach nur behindert.

ENDE

Aufstehen!

Besetzung:

3 Personen (2m/1w)

Rita Renderloh, Paul Renderloh, ihr Sohn Tim

Inhalt:

Aufstehen! Mit diesem Aufruf versuchen Eltern, ihren Sprössling aus dem Bett zu bewegen. Der Weckruf ist gut gemeint, doch nicht umsonst heißt es, das Gegenteil von gut ist gut gemeint.

Bühnenbild:

Tims Zimmer (ein Bett), Küche (kleiner Tisch mit drei Stühlen), dazwischen durch Paravan angedeutete Zimmerwand, optimal wäre eine Tür

Der Sketch:

(Tim liegt mit Schlafanzug im Bett, er schläft noch, Herr Renderloh sitzt am Küchentisch, Frühstück für 3 Personen gedeckt, Frau Renderloh erscheint mit Zeitung)

Paul:
Da bist du endlich, ich warte schon sehnsüchtig auf die Zeitung. Zur ersten Tasse Kaffee gehört immer auch die Zeitung.
Rita: *(verärgert)*
Dann schlage ich vor, du holst sie dir das nächste Mal gefälligst selbst.

(wirft ihm die Zeitung hin, gießt sich Kaffee ein, Herr Renderloh blättert Zeitung auf, liest, spricht verdeckt von der Zeitung mit seiner Frau)

Paul:
War ganz schön laut da draußen, was war denn los?
Rita:
Dreimal darfst du raten.
Paul:
Der Nachbarsjunge ist putzig, so wie der immer die Mülltonnen untersucht. Aber ich finde, dass die Müllers recht souverän mit der Behinderung ihres Sohnes umgehen.
Rita:
Ziemlich komisch ist das. Wenn mein Kind nicht ganz normal wäre, würde ich es lieber in der Wohnung lassen.
Paul:
Früher hat sich Jens stundenlang mit dem Zauntor befasst, Tor auf, Tor zu. Weißt du noch?
Rita:
Als ob ich das vergessen hätte. Der hat den ganzen Verkehr aufgehalten.

Paul:
Ein netter Junge, dieser Jens.
Rita:
Du findest alle immer nur nett.
Paul: *(nimmt Zeitung runter)*
Was ist schlecht daran?
Rita:
Ich meine ja nur.
Paul:
Wie lange sind Müllers schon unsere Nachbarn?
Rita:
13 Jahre.
Paul:
Du benimmst dich noch immer so, als wäre Jens ein Aussätziger.
Rita:
Tue ich nicht.
Paul:
Das glaubst auch nur du. *(Zeitung wieder hoch)*
Rita:
Wo bleibt eigentlich Tim?
Paul:
Vermutlich liegt er noch im Bett.
(Weckerklingeln)
Paul:
Ich korrigiere: Vermutlich steht er gleich auf.
Rita:
Ich habe extra den Tisch für ihn gedeckt.
Warum steht er dann nicht rechtzeitig auf?

Paul:
Heute ist Sonntag. Tim ist kein kleines Kind mehr. Er wird schon nicht verhungern. Er schläft eben lieber etwas länger.
Rita:
Etwas länger? Das ist ja ziemlich nett umschrieben. Tim kommt einfach nicht in die Puschen, der schläft bis Ultimo. Normale Heranwachsende stehen früher auf.
Paul:
So wie Jens Müller, meinst du? Der ist jedenfalls schon wach. *(ironisch)* Mensch, dann ist Jens ja doch völlig normal. Da bin ich aber beruhigt.
Rita:
Mach dich ruhig über mich lustig. Ich finde es gar nicht witzig, dass Tim noch schläft. Aber dir ist das egal. Nur keine Mühe mit der Erziehung machen, das sieht dir ähnlich. Warum sagst du nicht mal was? Du bist immerhin sein Vater.
Paul: *(halbherzig, ruft nicht wirklich laut)*
Tim, steh auf. … Zufrieden?
Rita:
Das hat kein Mensch verstanden.

(Paul legt Zeitung hin, steht auf, nah an Ritas Ohr)

Paul:
Tim, steh auf. Besser so?
Rita:
Du bist verantwortungslos.
Paul:
Und du bist penetrant.

(Paul geht zur Tür und spricht etwas lauter)

Paul:
Tim, es wird Zeit.
Rita:
Es wird Zeit? Was ist das denn für eine Aussage?

(Rita steht auf und stellt sich neben Paul)

Rita: *(sehr laut)*
Tim, wenn du nicht sofort aufstehst, dann wird dein Frühstücksei kalt.
Tim: (gequält)
Ich mag kein Frühstücksei.
Rita:
Egal, steh jetzt auf!

(Tim quält sich Bett, schlurft am Frühstückstisch vorbei)

Rita:
Wo willst du hin?
Tim:
Pinkeln. *(ab)*
Rita:
Tim!
Paul:
Warum fragst du ihn auch so blöd?
Rita: *(steht wütend auf)*
Du lässt dem Jungen alles durchgehen, du fragst gar nicht erst!

Paul:

Da steckt mehr dahinter. Ich habe das große Ganze im Sinn.

Rita:

Und das wäre?

Paul:

Ich möchte einfach in Ruhe frühstücken. Und das geht eben am besten ohne einen unausgeschlafenen Sohn am Küchentisch.

Rita:

Du verrätst also unsere Erziehungsziele aus rein egoistischen Gründen. Das ist erbärmlich.

Paul:

Aber ziemlich praktisch. Und bislang hat es ganz gut funktioniert – jedenfalls solange bis du wieder so einen Aufstand gemacht hast.

Rita:

Ach, ich mache also einen Aufstand?

Paul:

Zumindest ist es weder ein Sit-in, noch ein Stuhl- oder Gesprächskreis und schon gar keine Friedensinitiative. Übrigens, du stehst gerade, würde es dir etwas ausmachen, mir noch eine Tasse Kaffee zu bringen? *(hält Tasse entgegen)*

Rita:

Hol dir deinen Kaffee gefälligst selbst! *(ab)*

(Paul steht auf, gießt sich Kaffee ein, setzt sich, Tim kommt zurück, setzt sich)

Tim:

Es ist nicht leicht mit ihr.

Paul:

Wem sagst du das.

Tim:

Wie hältst du das nur mit ihr aus?

Paul:

Nun mal vorsichtig, sie ist immerhin deine Mutter.

Tim:

Entschuldige.

Paul:

Sie hat dich geboren, groß gezogen, und sie macht sich eben noch immer Sorgen um dich. Willst du das verurteilen?

Tim:

Es wäre nur schön, wenn sie sich etwas weniger Sorgen machen würde. Ich bin kein kleines Kind mehr. Hoffentlich kann ich bald ausziehen.

Paul:

Das wird hart für sie.

Tim:

Sie wird es überleben.

Paul:

Und besonders hart für mich.

Tim:

Ich werde euch bestimmt öfter besuchen.

Paul:

Das meine ich doch nicht.

Tim:

Was denn?

Paul:

Naja, wenn du nicht mehr bei uns wohnst, muss sie die Umstellung erstmal verdauen.

Tim:

Stimmt.

Paul:

Das wird nicht leicht. Sie könnte es an mir auslassen.

Tim:

Sie könnte sich doch dann vielleicht um Jens kümmern. Müllers würden sich sicher darüber freuen.

Paul:

Das glaube ich weniger. Also das mit dem Kümmern.

Tim:

Ach was, das wird schon. Ich habe auch schon einen Plan, wie wir sie sanft auf meinen Auszug vorbereiten. Hast du vorhin gehört, wie Jens mit den Mülltonnendeckeln geklappert hat.

Paul:

Zu überhören war es jedenfalls nicht.

Tim:

Hast du genau hingehört?

Paul:

Wie meinst du das?

Tim:

Hast du den Rhythmus denn nicht gehört?

Paul:

Ehrlich gesagt, nein.

Tim:

Das klingt jetzt vielleicht blöd, aber Jens hat Talent. Schon vor Jahren hat er beim Klappen des Zauntores immer einen Takt verfolgt. Ich möchte ihn mal mit zu unserer Bandprobe nehmen und ans Schlagzeug setzen. Ich bin sicher, dass er bald die eine oder andere Nummer spielen kann.

Und dann stell dir vor, er steht zusammen mit der Band und mir auf der Bühne.

Paul:
Tim, manchmal überrascht du mich wirklich. Das ist eine ausgezeichnete Idee. Lass deine Mutter noch so laut meckern, wenn du nicht aus dem Bett kommst, auf dich und deine Band ist sie stolz, das weiß ich. Dein Plan könnte aufgehen.

Tim:
Weißt du was? Ich bringe Mama jetzt einen Kaffee und bin mal richtig nett zu ihr. Und dann erzähle ich ihr, dass wir bald ein neues Bandmitglied haben, ich aber noch nichts verraten darf. Und gleich danach schnappe ich mir Jens und wir üben zusammen.

Paul:
Mach das, mein Junge.

(Tim nimmt Tasse, gießt Kaffee ein)

Tim: *(laut mit lieblicher Stimme)*
Liebste Mama, ich bringe dir einen Kaffee! *(ab)*

Paul:
Endlich Ruhe. Es geht doch nichts über das große Ganze.

(versteckt sich wieder hinter der Zeitung)

ENDE

Hamlet-Casting

Besetzung:

9 Personen (4m/5w oder 5m/4w)

Moderator*in, Dieter Kohlen, Heidi Brumm, Bruce Flanell Casting-Kanditaten: Theaternachwuchs Julian, Britt, Lina, Leonie *(Kandidatinnen mit Kostümen, historisch, Leonie mit Narrenkostüm)* Hausmeister *(mit grauem Kittel und Hausmeisterhut, Werkzeugtasche)*

Inhalt:

Ein Theaterverein hat weder Kosten noch Mühen gescheut und die Stars von *Deutschland sucht den Superstar* gebucht, um mittels eines Castings neue Schauspieler zu finden. Dieter, Heidi und Bruce sind jedoch nicht sehr fit in Sachen Theater.

Bühnenbild:

Tisch mit drei Stühlen für die Juroren, auf der anderen Seite ein Heizkörper, ein Stuhl, ein Schädel

Hinweis:

Zur Darstellung von Bruce Flanell sollten Sie auf Blackfacing verzichten. Mit Sprache und Bewegung wird es gelingen, Bruce wunderbar zu zeichnen.

Der Sketch:

Moderator*in:
Verehrtes Publikum. Nach 120 Jahren ist auch der Theaterverein Bühnenblut *(nutzen Sie gern den Namen Ihrer Bühne oder Theatergruppe)* in der Neuzeit angekommen. Wir lassen die Darsteller für unser nächstes Stück durch Vollblutprofis auswählen. Hier und heute exklusiv für Sie unser Super-Casting. Meine Damen und Herren, einen Riesen Applaus für ... Bruce Flanell ...
(Auftritt Bruce, stolziert vorne an der Bühne, setzt sich)
... Dieter Kohlen ...
(Auftritt Dieter, entspannt und breitbeinig auf seinen Platz)
... Heidi Brumm ...
(Auftritt Heidi, läuft wie ein Modell auf den Platz)
Noch schnell ein Wort zur Jury: Sie wissen, worauf es ankommt?
Dieter:
Ja klar, wir sind Talentsucher und keine Müllsortierer.
Moderator*in:
Genau, dann mal los. *(ab)*
Dieter:
So ein Scheißjob, da habe ich wohl echt gepennt.
Heidi:
Aber gut bezahlt.
Bruce:
Super, super, super, super … langweilisch.

(Auftritt Julian, schreitet forsch auf die Bühne, mit Schädel)

Julian:
Hallo, ich bin der Julian.
Dieter:
Das tut nichts zur Sache, leg los, Qualität kommt von quälen.
Heidi:
Was hast du uns heute mitgebracht?
Julian:
Shakespeare.
Bruce:
Shake it ouuuut, Julian!

(Julian wirft sich in Pose, er hält seinen Monolog, nutzt dabei zeitweise den Stuhl auf der Bühne)

Julian:
Sein oder Nichtsein; das ist hier die Frage.
Heidi:
Seins oder nicht seins? Hä?
Dieter:
Ja wat denn nu?
Bruce:
Isch fuhl mich escht verappelt.
Julian: *(zunächst leicht irritiert, fängt sich dann)*
Sein oder Nichtsein; das ist hier die Frage: Obs edler im Gemüt, die Pfeil und Schleudern des wütenden Geschicks erdulden oder, sich waffnend gegen eine See von Plagen, durch Widerstand sie enden? Sterben - schlafen - nichts weiter!

Und zu wissen, daß ein Schlaf das Herzweh und die tausend Stöße endet, 's ist ein Ziel, aufs innigste zu wünschen. Sterben - schlafen - Schlafen! Vielleicht auch träumen!

Dieter:

Is ja gut, Junge, träum ruhig weiter.

Bruce:

Steifer! Steifer! Noch Steifer!

Heidi:

Das muss in der nächsten Woche besser werden.

(Julian erneut irritiert, schüttelt den Kopf, macht weiter, wird langsam zornig und lauter)

Julian:

Verschmähter Liebe Pein, des Rechtes Aufschub, den Übermut der Ämter und die Schmach, die Unwert schweigendem Verdienst erweist, wenn er sich selbst in Ruhstand setzen könnte, mit einer Nadel bloß? Wer trüge Lasten und stöhnt' und schwitzte unter Lebensmüh?

Dieter:

Lebensmüde klingt das.

Bruce:

Isch will eine Skandal von dir erleben!

Heidi:

Jetzt musst du noch mal richtig Gas geben.

Julian: *(Julian noch lauter und genervter)*

Die reizende Ophelia! - Nymphe, schließ in dein Gebet all meine Sünden ein!

(er verbeugt sich)

Dieter: *(zu den anderen)*
Was meint ihr, kommt der für die männliche Hauptrolle in Frage? Also von mir aus nicht.
Heidi: *(zu Julian)*
Du bist wunderschön, aber das allein reicht leider nicht aus.
Bruce:
Das war Scheise!
Dieter:
Da hörst du´s, 3 x nein!
Julian: *(empört und außer sich)*
Das ist ja unerhört, die haben ja keine Ahnung!

(Julian ab nach hinten, Dieter ruft ihm hinterher)

Dieter:
Du bist wie eine Regenwolke, wenn du dich verziehst, wird es ein schöner Tag.
Bruce:
Mensch Dieetaaa, sei doch nich soo haat.
Dieter:
Wat denn, der hatte doch keine Ahnung vom Schauspiel.
Heidi:
Das fand ich aber auch, war ganz durcheinander. Seins oder nicht seins? Der war ja völlig aus dem Takt.

(Britt, Lina und Leonie kommen auf die Bühne, werden zunächst nicht beachtet, stehen einen Moment unschlüssig herum)

Britt:
Äh, also, wir fangen dann mal an.
Bruce:
Yes, lets go, isch will eine Skandal von euch erleben!

(die drei gehen in Position, gehen dabei jeweils einen Schritt auf die Jury vor, stellen sich dann mit dem Namen ihrer Rolle vor)

Lina:
Emilia.
Britt:
Desdemona.
Leonie:
Der Narr.

(zurück in die Reihe, sie beginnen)

Britt:
He! Weißt du, in welcher Gegend Leutnant Cassio liegt?
Leonie:
Ich möchte nicht sagen, dass er irgendwo lüge.
Britt:
Warum?
Leonie:
Er ist ein Soldat, und wollt ich sagen, dass ein Soldat lüge, das ginge an Hals und Kragen.
Britt:
Nicht doch, wo wohnt er?

Leonie:

Euch sagen, wo er wohnt, hieße Euch sagen, wo ich lüge.

Britt:

Ist daraus wohl klug zu werden?

Leonie:

Ich weiß nicht, wo er wohnt, und sollt ich eine Wohnung aus der Luft greifen und sagen, er liegt hier oder liegt da, das hieße in meinen Hals hineinlügen.

(Jury irritiert, kann mit Othello nichts anfangen, Dieter popelt, Heidi manikürt Fingernägel, Bruce liest BRAVO)

Britt:

Suche ihn auf und schicke ihn her, sage ihm, ich habe meinen Gemahl für ihn gestimmt, und ich hoffe, alles werde noch gut.

Leonie:

So will ich nun dies Abenteuer bestehen, lebt denn wohl*(ab)*

Britt:

Wo hab ich nur das Tuch verlegt, Emilia?

Lina:

Ich weiß nicht, gnädige Frau.

Britt:

Glaub mir, viel lieber mißt' ich meine Börse, voll von Crusados. Wär mein edler Mohr nicht großgesinnt und frei vom niedern Stoff der Eifersucht, dies könnt auf schlimme Meinung ihn führen.

Lina:

Weiß er nichts von Eifersucht?

Britt:
Wer? Er? - Die Sonn in seinem Lande, glaub ich, sog alle solche Dünst ihm aus.
Lina:
Da kommt er.
Britt:
Ich will ihn jetzt nicht lassen, bis er Cassio zurückberief.

(beide sehen nach hinten, warten vergeblich auf Othello)

Lina: *(lauter)*
Da kommt er.
Britt: *(leise zu Lina)*
Wo bleibt Julian, er wollte doch nach dem Hamlet noch den Othello machen?
Lina:
Ich weiß auch nicht..... *(noch lauter, geht dabei nach hinten, brüllt nach hinten zum Bühnenaufgang)* da kommt er.

(beide sehen nochmal nach hinten)

Dieter:
Da kam bis jetzt nicht viel, ist ja egal, ob da noch einer kommt oder nicht.
Heidi:
Jetzt müsst ihr aber nochmal richtig Gas geben.
Dieter:
Das ist Talentfreiheit hoch 100, so ein Geschwafel.
Bruce: *(springt auf und zeigt einen catwalk)*
Man muss ein Diva auf die Laufsteg sein.

(Bruce setzt sich, Hausmeister kommt auf Bühne, Lina und Britt leicht irritiert, denken aber, er springt für Julian ein)

Britt:
Wie geht dirs mein Othello?

(Hausmeister irritiert, macht Handzeichen, hält die Damen für leicht durchgedreht, dreht sich zum Publikum)

Hausmeister:
Diese durchgedrehten Künstler. *(er wendet sich Lina und Britt zu)* Gut und wie geht es Ihnen?
Britt:
Gut, mein Teurer.
Dieter:
Poh ey, echt mal authentisch, der Mann.
Bruce:
Das ist der Wahrheit.
Heidi:
Cooler Hut, echt stylisch.

(Hausmeister beugt sich kurz zum Heizkörper, fasst kurz am Thermostat an, beugt sich wieder hoch)

Hausmeister:
Frau, das Thermostat ist kaputt.
Britt:
Sie fühlte noch kein Alter, kenn nicht Rost!
Hausmeister:
Frau, das Thermostat ist kaputt.

Britt:
Du kannst sie wohl so nennen, denn diese Hand wars, die mein Herz dir gab.
Hausmeister:
Ja, aber ich sagte, das Thermostat ist kaputt.
Britt: *(irritiert)*
Thermostat?
Lina: *(irritiert)*
In Othello kommt aber kein Thermostat vor.
Hausmeister: *(irritiert)*
Othello?
Dieter:
Ist gut, dass reicht. Hört mal auf mit dem Theater.

(Lina und Britt drehen sich zur Jury, Hausmeister wendet sich wieder dem Heizkörper zu)

Dieter:
Holt noch mal die Kleine auf die Bühne, die mit der Narrenkappe.
Lina:
Narren auf die Bühne!
Leonie: *(tanzt auf die Bühne)*
Hier bin ich!
Dieter: *(zu Heidi und Bruce)*
Wie fandet ihr die drei?

(Heidi zeigt auf Britt, Britt macht einen Schritt nach vorn)

Heidi:
Du bist wunderschön *(Kunstpause).* Aber das *(Kunstpause)* allein *(Kunstpause*) reicht leider nicht aus.
Bruce:
Isch richtig bin sauer.
Dieter:
Tja, tut mir leid, aber das war ja wohl nix – also: 3 x nein – und tschüss.

(Britt empört von der Bühne, Heidi zeigt zu Lina, sie macht einen Schritt nach vorn)

Heidi:
Und nun zur dir. Ich habe heute leider kein Foto für dich.
Bruce:
Man muss ein Diva auf die Laufsteg sein, dass ist dir nicht gelungen, hier, so geht das.

(steht auf, macht ein paar Schritte, setzt sich wieder)

Dieter:
Ich fand´s ja wunderschön, wie du dich bemüht hast – aber es war halt Scheiße. 3 x nein, du kannst gehen.

(Lina heulend von der Bühne)

Dieter: *(zu Leonie)*
Du bist ja immer noch da.

(schaut zu Heidi und Bruce, Heidi schüttelt den Kopf, Bruce

schüttelt den Kopf, Dieter weist demonstrativ mit dem Arm nach draußen)

Dieter:
Und tschüss!
Leonie: *(zu Dieter)*
Arschloch! *(ab)*
Dieter: *(zum Hausmeister)*
Und nun zu dir. Wie ist dein Name?
Hausmeister:
Krause, Hausmeister Heinz Krause
Dieter:
Mann, das ist wirklich authentisch, starkes Spiel.
Hausmeister:
Stimmt, das Thermostat hat etwas Spiel.
Bruce:
Sexy – Hot – Progressive!
Heidi:
Also der Hut ist high fashion, mir schwebt schon die Location vor: Hausmeister mit freiem Oberkörper. Die Hausmeisterkollektion.
Hausmeister:
Also soll ich jetzt ein neues Thermostat einbauen?
Dieter:
Hörst Du doch: 3 x ja!
Hausmeister:
Ok, ich geh dann mal ein neues Thermostat holen. *(ab)*
Heidi:
Mission erfüllt, wir haben den männlichen Hauptdarsteller ausgewählt.

Bruce:
Das ist der Wahrheit.
Dieter:
Fehlt aber noch die weibliche Hauptrolle. Aber ey, ich habe keinen Bock mehr.
Heidi:
Dann nehme ich halt die Rolle.
Dieter:
Volltreffer.
Bruce:
Traumfrau.
Dieter:
Heidi, 2 x ja! Man, das war wirklich ein hartes Stück Arbeit, anstrengender als bei DSDS.
Heidi:
Die ersten hatten ja auch überhaupt keine Ahnung vom Schauspiel.
Bruce:
Drama, Baby, Drama!
Dieter:
Das war´s dann, die beste Jury der Welt hat gesprochen!

(alle drei stehen auf, klatschen sich ab und gehen von der Bühne)

ENDE

Der Schneepflug

Besetzung:

5 Personen (3m/2w oder 1m/4w)

Theo (älterer Herr mit Schneeschieber), Hilde (seine Frau), Nachbarin mit Schneeschieber, Fahrer*in Räumfahrzeug, LKW-Fahrer*in

Inhalt:

Ein älterer Herr kämpft mit den Schneemassen, dem kommunalen Räumfahrzeug – und mit seiner Ehegattin.

Bühnenbild:

Andeutung z. B. von Vorgarten, Gehweg, Gartenzaun

Der Sketch:

(es hat geschneit, Theo steht mit Schneeschieber am Bürgersteig und hält Ausschau)

Hilde: *(aus dem Off)*
Theo!
Theo:
Jetzt nicht!
Hilde: *(aus dem Off)*
Zeit für den zweiten Kaffee!

Theo:
Später!
Hilde: *(aus dem Off)*
Nicht, dass dein Kaffee kalt wird.
Theo:
Wird er schon nicht.
Hilde: *(kommt aus der Haustür)*
Ich stelle ihn auf die Warmhalteplatte.
Theo:
Mach doch.
Hilde:
Ich meine ja nur.
Theo:
Ich weiß, du meinst es gut.
Hilde: *(kommt näher)*
Du hast den ganzen Bürgersteig freigeschaufelt, warum kommst du nicht endlich rein?
Theo:
Ich warte auf das Räumfahrzeug.
Hilde:
Was?
Theo:
Das ist das große orange Fahrzeug mit dem Schneepflug vorne dran.
Hilde:
Das weiß ich auch, für wie blöd hältst du mich eigentlich?
Theo:
Gleich muss er kommen.

Hilde:
Nicht schon wieder! Du weißt doch, dass die beim Räumen der Straße immer wieder was auf den Bürgersteig schieben. Das geht eben nicht anders. Du solltest einfach etwas später räumen, wenn die hier durchgefahren sind.
Theo: *(schaut auf die Uhr)*
Es ist gleich 8 Uhr, bis dahin muss man räumen. Ich achte die Bürgerpflichten. Und wenn sich der Fahrer etwas mehr Mühe geben würde, würde der Gehweg sauber bleiben.
Hilde:
Ich gehe wieder rein. *(ab)*
Theo:
Ich komme gleich.

(Motorengeräusch, Räumfahrzeug kommt näher, Theo gibt wütend Handzeichen, fuchtelt mit den Armen, droht mit dem Schneeschieber, blickt Räumfahrzeug hinterher)

Theo:
Rücksichtslos nenne ich das! *(fängt an, den Bürgersteig erneut zu räumen)*
Hilde: *(aus dem Off)*
Theo!
Theo:
Jetzt nicht!
Hilde: *(aus dem Off)*
Dein Kaffee wird kalt!
Theo:
Ich denke, der steht auf der Warmhalteplatte?

Hilde: *(aus dem Off)*
Aber langsam wird er bitter.
Theo:
Ich komme gleich.

(Nachbarin kommt hinzu, fängt an zu räumen)

Nachbarin:
Guten Morgen Herr Schrempf. *(Theo ignoriert sie)*
Herr Schrempf?
Theo:
Was ist?
Nachbarin:
Ich räume immer erst, wenn der Schneepflug durch war. Fangen Sie doch einfach später an, dann müssen Sie nicht zweimal räumen.
Hilde: *(aus dem Off)*
Dein Kaffee!
Theo:
Ich bin nicht taub!
Nachbarin:
Oder machen Sie das, weil Sie Frühsport lieben?
Theo: *(hält inne)*
In der Satzung steht, dass man bis 8 Uhr räumen muss.
Nachbarin:
Na und, wenn die Gemeinde das nicht bis 8 Uhr schafft, brauche ich mich schon mal lange nicht zu beeilen.
Theo:
Trotzdem, in der Satzung steht ...

Nachbarin:
Ich trinke immer erst in Ruhe Kaffee, bevor ich meinen Gehweg räume.
Hilde: *(aus dem Off)*
Gleich ist er ganz kalt.
Theo:
Das ist mir egal!
Nachbarin:
Ich habe einen neuen Kaffeevollautomaten, wussten Sie das schon?
Theo:
Nein, will ich auch nicht wissen.
Nachbarin:
Jetzt wissen sie es trotzdem.

(Szenenwechsel, der nächste Tag, es hat geschneit, Theo mit Schneeschieber am Bürgersteig, hält Ausschau)

Hilde: *(aus dem Off)*
Theo!
Theo:
Jetzt nicht!
Hilde: *(aus dem Off)*
Zeit für den zweiten Kaffee!
Theo:
Später!
Hilde: *(aus dem Off)*
Nicht, dass dein Kaffee kalt wird.
Theo:
Es wird schon nichts passieren.

Hilde: *(kommt aus der Haustür)*
Ich stelle ihn auf die Warmhalteplatte.
Theo: *(schaut auf die Uhr)*
Gleich muss er kommen.
Hilde:
Dir ist einfach nicht zu helfen. *(ab)*

*(Motorengeräusch, Theo stoppt das Räumfahrzeug, Motor aus, Türenknallen, Fahrer*in steigt aus)*

Fahrer*in:
Sind Sie wahnsinnig? Fast hätte ich Sie überfahren!
Theo:
Sie sollten einfach mal anhalten und nicht wie jeden Morgen hier langrasen.
Fahrer*in:
Ich rase nicht, ich räume.
Theo:
Sie fahren viel zu schnell und schütten mir den ganzen Gehweg wieder zu. Dabei habe ich immer alles so schön frei gemacht. Wenn Sie das nochmal machen, halten Sie an, schaufeln meinen Gehweg erst wieder frei und dann können Sie weiter fahren.
Fahrer*in:
So weit kommt es noch.
Theo:
Sonst verklage ich die Gemeinde.
Fahrer*in:
Warum verklagen Sie nicht auch gleich Petrus und den lieben Gott, weil die es schneien lassen?

Theo:
Das ist alles, was Sie dazu zu sagen haben? Gotteslästerung?
Fahrer*in:
Sie können gern im Rathaus anrufen, wenn Sie Probleme haben. Mich lassen Sie gefälligst meine Arbeit machen!
Theo:
Sie müssen einfach langsamer fahren.
Fahrer*in:
Dann schaffe ich meine Tour nicht.
Theo:
Wenn Sie an meinem Grundstück vorbeikommen, warum nehmen Sie nicht einfach das Räumschild hoch?
Fahrer*in:
Eine grandiose Idee. Ich nehme alle 10 Meter das Schild hoch und dann wieder runter.
Theo:
Sage ich doch.
Fahrer*in:
Haben Sie nichts im Haus zu tun?
Theo:
Erst klären wir das.
Hilde: *(aus dem Off)*
Theo, dein Kaffee!
Fahrer*in:
Sie werden gebraucht.
Theo:
Werde ich nicht.
Hilde: *(aus dem Off)*
Er wird kalt.

Fahrer*in:
Werden Sie doch.
Theo:
Halt die Klappe!
Fahrer*in:
Was haben Sie gesagt?
Theo:
Sie meinte ich gar nicht.
Nachbarin: *(kommt mit Schneeschieber dazu)*
Endlich kann ich mich für das Räumen der Straße bedanken.
Fahrer*in:
Ich mache nur meinen Job.
Nachbarin:
Trotzdem, es ist schön, dass Sie angehalten haben, damit ich mich bedanken kann.
Fahrer*in:
Ich wurde von einem Lebensmüden genötigt.
Nachbarin:
Das ist nur mein Nachbar, Herr Schrempf, der hat das Zusammenspiel von Anwohnern und Räumdienst immer noch nicht verinnerlicht.
Fahrer*in:
Ach so.
Nachbarin:
Warten Sie einen Augenblick auf mich, ich hole uns was Feines. (*geht langsam ab*)
Theo:
Was ist jetzt? Fahren Sie künftig langsamer oder muss ich Sie verklagen?

Fahrer*in: *(schaut auf Uhr)*
Na toll! Weil Sie mich aufgehalten haben, bin ich nicht rechtzeitig zum Betriebshof zurückgekehrt. Jetzt muss ich hier Pause machen.
Nachbarin:
Das passt gut. *(ab)*

*(LKW-Geräusch, Hupen, Türenklappen, LKW-Fahrer*in steigt aus)*

LKW-Fahrer*in:
Hast du eine Panne?
Fahrer*in:
Ne, ich muss Pause machen, Arbeitszeitgesetz, habe 6 Stunden gearbeitet.
LKW-Fahrer*in:
Öffentlicher Dienst?
Fahrer*in:
Jop.
LKW-Fahrer*in:
Kein Wunder.
Fahrer*in:
Kann ich nicht ändern.
LKW-Fahrer*in:
Fahr deine Karre zur Seite. Ich muss hier durch.
Fahrer*in:
Ich kann kurz auf den Gehweg fahren.
Theo:
Auf gar keinen Fall, nur über meine Leiche.

LKW-Fahrer*in:
Einen Versuch wäre es wert.

(Nachbarin kommt mit Tablett, 3 Kaffeetassen)

Nachbarin:
Etwas Warmes braucht der Mensch.

*(sie gibt Fahrer*in Kaffee)*

Fahrer*in:
Vielen Dank.
Nachbarin:
Oh, noch jemand, aber ich habe nur 3 Tassen. Egal.

*(sie gibt LKW-Fahrer*in Kaffee)*

LKW-Fahrer*in:
Was soll´s, ich sollte auch einfach mal Pause machen.
Danke schön.
Nachbarin: *(nimmt sich selbst eine Tasse)*
Herr Schrempf, das tut mir jetzt aber leid, wir haben eine Tasse zu wenig.
Theo:
Dann machen Sie einfach noch eine Tasse, Sie haben doch einen Kaffeevollautomaten.
Nachbarin:
Tut mir leid, ich habe den Reinigungsmodus aktiviert und der dauert 40 Minuten.

Theo:
Hilde!
Hilde: *(aus dem Off)*
Was?
Theo:
Bringst du mir einen Kaffee?
Hilde: *(aus dem Off)*
Moment.

(bringt ihm eine Tasse, er trinkt einen Schluck, verzieht angewidert das Gesicht)

Theo:
Der ist ja kalt!
Hilde:
Sag ich doch die ganze Zeit.

ENDE

Die Hotline

Besetzung:

6 Personen (4m/2w oder 2m/4w)

Sprecher*in, Jürgen Wockenberg (Finanzbeamter), Bärbel (Jürgens Gattin), Miriam (Tochter) Berthold (kauziger Opa), Hotline-Stimme

Inhalt:

Das leidige Thema Hotline treibt einen in den Wahnsinn. Der Sketch wurde der Komödie *Glasfaser-Kabbel – die Wockenbergs gehen online* entnommen:
Um alle digitalen Bedürfnisse befriedigen zu können, rüstet das Familienoberhaupt Jürgen Wockenberg gnadenlos auf. Als die Wockenbergs als erste Bewohner im Viertel sogar ein Glasfaserkabel direkt bis ins Haus bekommen sollen, gerät der früher so beschauliche Alltag der Familie nach und nach aus den Fugen. Die Situation eskaliert, als sich Opa Berthold einmischt und auf seine ganz spezielle Art und Weise dafür sorgt, dass die Dinge vorangehen. Freuen Sie sich auf den Digitalpakt im Hause Wockenberg.

Bühnenbild:

Wohn- und Esszimmer der Familie, TV-Gerät mit Router, Karton mit einem neuen Router, ein Fenster

Der Sketch:

Sprecher*in:
Während man früher nur zwischen 3 Fernsehprogrammen wählen konnte, wenn man von grenznahem Wohnen mal absieht, ist die Auswahl an TV-Programmen heutzutage unerschöpflich und man kann sogar über das Internet fernsehen. Die Halbwertszeit der ach so neuen technischen Innovationen stellt manches Familienoberhaupt jedoch vor große Herausforderungen. Wie gut, wenn man sich auf die Hilfe der Hotline verlassen kann. Und so hoffen wir, dass die Hotline auch Jürgen Wockenberg, Familienoberhaupt und Finanzbeamter in Personalunion, dabei helfen wird, den neuen Router anzuschließen und einzurichten. Dazu hat er extra einen Glasfaseranschluss bestellt. Da Jürgen liebevoll von seiner Frau Bärbel unterstützt wird, kann eigentlich nichts schief gehen. Aber sehen Sie selbst. *(ab)*

(Jürgen und Bärbel treten auf)

Jürgen:
Es sind nur wenige Handgriffe erforderlich. Ich muss einfach nur den Router austauschen. Du kannst mir ruhig dabei zusehen. Dann lernst du noch was.
Bärbel:
Wann kommt eigentlich dein Glasfaserkabel?
Jürgen:
Morgen kommt der Techniker. Habe ich doch gesagt.
Bärbel:
Wo kommt das Kabel ins Haus?

Jürgen: *(zeigt ans Fenster)*
Draußen unter dem Fenster.
Bärbel:
Wehe die stauben hier alles zu, wenn sie das Loch bohren.
Jürgen:
Invasiv.
Bärbel:
Den Staub in die Vase? Ich glaube, es geht los!
Jürgen:
Mensch Bärbel, ich meine doch, die machen das invasiv, wie bei einem chirurgischen Eingriff, alles nur minimal. Da staubt nichts.
Bärbel:
Wie dem auch sei, der Techniker macht hinterher gefälligst sauber.
Jürgen:
Das kannst du ihm morgen in Ruhe erklären.
Bärbel:
Wieso ich? Das ist doch deine Sache.
Jürgen:
Der Techniker wird ca. 13:30 Uhr kommen, da bin ich noch im Dienst. Du musst dich darum kümmern.
Bärbel:
Das hast du nicht mit mir abgesprochen.
Jürgen:
Warum sollte ich? Du bist doch um die Zeit immer zuhause.

(er hat den neuen Router platziert und hält den alten fragend hoch)

Bärbel:

Kommst du nicht weiter?

Jürgen:

Stör mich nicht, ich muss nachdenken.

Bärbel:

Traust du mir das etwa nicht zu?

Jürgen:

Nein, es ist nur...

Bärbel:

Das habe ich mir doch gedacht. Dann mach deinen Kram eben allein. Hauptsache ich kann mit Jutta Shopping Queen gucken.

Jürgen:

Ich muss die Hotline anrufen.

Bärbel:

Bitte nicht, danach bist du wieder tagelang ungenießbar.

Jürgen: *(sucht Telefon)*

Dafür ist die aber da. Ich weiß nicht, ob der DNS-Revers-Eintrag stimmt. Ehrlich gesagt weiß ich gar nicht, was ein DNS-Revers-Eintrag eigentlich ist.

Bärbel:

Besprecht ihr so etwas nicht in eurer Lenkungsgruppe im Finanzamt?

Jürgen: *(wählt, wandelt dabei genervt auf und ab)*

Ruhe jetzt! ... Oh, ich habe ein Freizeichen. ... 1 ... 3, nein, ich meinte 2! ... so ein Mist!

(legt auf) Also nochmal. ... 1 ... 2 ...

Bärbel:

Klappt es?

Jürgen:
Pscht! ... 7 ... Das kann dauern. ... Ich muss auf die Toilette. ... Bärbel, ich stelle mal auf laut, ich muss kurz aufs Klo. Pass du solange auf. *(er stellt laut, verschwindet)*
Hotline: *(von Musik untermalt)*
... unsere Plätze sind im Moment belegt ... Sie werden mit dem nächsten freien Platz verbunden ... unsere Plätze sind im Moment belegt ... Sie werden mit dem nächsten freien Platz verbunden ...
Bärbel:
Das kann einen wirklich wahnsinnig machen.
Hotline:
... wir bitten Sie um einen Augenblick Geduld ... unsere Plätze sind im Moment belegt ... Sie werden mit dem nächsten freien Platz verbunden ... Kennen Sie eigentlich schon unsere neuen Zusatzprodukte? ...
Jürgen: *(zurück)*
Ist schon jemand dran, Bärbel?
Hotline:
...wenn wir Sie über unsere neuen Zusatzprodukte informieren sollen, sagen Sie bitte 8 ...
Bärbel:
Nein, aber die hat mindestens schon 8 Mal gesagt, dass alle Plätze belegt sind.
Hotline:
Danke! Wir verbinden Sie nun mit unserem Vertriebsmitarbeiter, der Ihnen gleich unsere Zusatzprodukte vorstellen wird.

*(Jürgen entsetzt, beide gehen ab, Sprecher*in auf Bühne)*

Sprecher*in:
Sie sehen, auf die Hotline der Telekommunikationsunternehmen ist immer Verlass. Schauen wir mal, wie es weiter geht. Inzwischen war wenigstens der Techniker schon mal im Hause Wockenberg. Und neben Ehegattin Bärbel stehen nun auch Tochter Miriam und Opa Berthold bei Fuß, um zu helfen.

(Bärbel mit Vase auf die Bühne)

Bärbel:
Immerhin ist alles noch schön sauber, das ist wenigstens etwas.

(Jürgen kehrt von der Arbeit zurück)

Jürgen:
Was machst du mit der Vase? Und wieso ist der Techniker noch nicht da? Heute sollte das Kabel verlegt werden.
Bärbel:
So viele Fragen auf einmal, komm doch erst einmal an. Dann erkläre ich dir alles. Magst du einen Kaffee?
Jürgen:
Danke, ich hatte schon genug Kaffee im Büro. Was willst du mir erklären? Geht es um die Vase?
Bärbel: *(liest vom Zettel ab, behält den Zettel in der Hand)*
17945NZ9938
Jürgen:
Du sprichst in Rätseln.

Bärbel:
Das ist die Ticket-Nr. Die musst du nennen, wenn du gleich die Hotline anrufst. Der Techniker war übrigens schon da. Ein netter Herr namens Schneider. Er war früher bei der Telekom. Er hat mir auch die Ticket-Nr. aufgeschrieben.
Jürgen:
Das interessiert mich nicht. Der sollte heute den Anschluss fertig machen.
Bärbel:
Dazu muss die Baufirma den Gehweg aufreißen. Aber der Winkel passt nicht. Du musst unbedingt die Hotline anrufen.
Jürgen:
Hast du dich wenigstens nach dem DNS-Revers-Eintrag erkundigt?
Bärbel:
Wollte ich, aber mir fiel nur noch dein Revers am Sakko ein, damit kam Herr Schneider nicht weiter.
Jürgen:
Ich dachte, ich kann mich auf dich verlassen. Anscheinend habe ich mich geirrt.
Bärbel:
Wer ist denn in der Lenkungsgruppe? Du oder ich? Schau einfach aus dem Fenster, wenn du mir nicht glaubst.

(Bärbel öffnet Fenster, Miriam kommt von Uni zurück)

Miriam:
Was ist denn hier los? Dicke Luft?
Bärbel:
Das fragst du besser deinen Vater. *(ab)*

Miriam:
Liegt das Kabel schon, Papa?
Jürgen:
Siehst du hier etwa irgendwo ein Kabel?
Miriam:
Gestern sagtest du noch, es wäre ein invasiver Eingriff, ganz minimal.
Jürgen:
Sind wir hier auf der Intensivstation oder was?
Miriam:
Ein Kommilitone von mir war neulich auch im 2&2 Shop und hat sich hinterher über den miesen Service geärgert. Die haben ihm das Blaue vom Himmel versprochen und später hat nichts geklappt. Ich hoffe, das wird bei uns nicht auch so laufen.
Jürgen:
Du bist nicht hilfreich, Tochter!
Miriam:
Papa, du schaffst das bestimmt auch ohne mich, ich muss noch mal weg. Und außerdem hast du auch noch Opa. *(ab)*
Jürgen:
Auf die Hilfe kann ich verzichten.
Berthold: *(schlurft aus seinem Zimmer)*
Kann ich endlich mal in Ruhe funken? Was ist das hier für ein Lärm? Und warum ist es so kalt?
Jürgen: *(schließt Fenster)*
Deine Schwiegertochter wollte den Duft der weiten Welt für dich hereinlassen. Das sollte dich an deine alten Zeiten in der Legion erinnern.

Berthold:
Du willst deinen alten Herr wohl veräppeln? Denkst du, ich weiß nicht, was hier los ist? Die Bude ist so hellhörig, dass ich genau gehört habe, wie dieser depperte Telekom-Fuzzi deiner Frau Ausreden präsentiert hat, warum das mit dem Kabel heute nichts wird.
Jürgen:
Wenn du so genau Bescheid weißt, warum hast du den Mann nicht in der Wohnung festgehalten, bis ich von der Arbeit zurückgekommen bin?
Berthold:
Für dein schnödes Glasfaserkabel soll ich Menschen gefangen nehmen? Bei dir piepst es wohl? Sieh mal zu, wie du das selbst in den Griff bekommst und hol mich für wirkliche Probleme, nicht für so einen Schnickschnack.

(Berthold zurück in sein Zimmer)

Jürgen: *(nimmt Telefon)*
Du bist auch nicht hilfreich, Vater. Dann rufe ich jetzt die Hotline an, die werden sicher Rat wissen. Am Besten ich stelle gleich laut, dann bleibt mein neunmalkluger Vater schön auf dem Laufenden. *(wählt)*
Hotline:
...herzlich willkommen bei 2&2 ... wenn Sie Fragen zu ihrem bestehenden Vertrag haben, sagen Sie bitte 1 ... wenn Sie Fragen zu einem Neukundenvertrag haben, sagen Sie bitte 2
Jürgen:
2

Hotline:
...ich habe Sie nicht verstanden, sprechen Sie deutlicher ...
Jürgen:
2!
Hotline:
... danke ... wenn Sie Fragen zur Zahlungsabwicklung haben, sagen Sie bitte 5 ... wenn Sie ein sonstiges Anliegen haben, sagen Sie bitte 6 ...
Jürgen:
6
Hotline:
... danke ... haben Sie ein Problem mit dem Anschluss? Dann sagen Sie bitte 4 ...
Jürgen:
4

(Bärbel zurück, Jürgen macht Zeichen, sie soll leise sein)

Hotline:
... danke ... wenn dieses Problem neu ist, dann sagen Sie bitte 1 ... wenn Ihr Problem schon in unserem Service-Center registriert wurde, dann nennen Sie bitte jetzt ihre Ticket-Nr. ...
Jürgen:
Endlich.
Hotline:
... ich habe Sie nicht verstanden, sprechen Sie deutlicher ...
Jürgen:
Wo ist der verdammte Zettel?

Hotline:
... ich habe Sie nicht verstanden, sprechen Sie deutlicher ...

(Bärbel gibt ihm den Zettel)

Jürgen:
Moment!
Hotline:
... ich habe Sie nicht verstanden, sprechen Sie deutlicher ...
Jürgen: *(spricht sehr deutlich, kann aber die letzte Zahl nicht lesen)*
1 7 9 4 5 N Z 9 9 3... wie heißt die letzte Zahl hier?
Hotline:
...wenn wir Sie über unsere neuen Zusatzprodukte informieren sollen, sagen Sie bitte 8 ...
Bärbel: *(nimmt ihm den Zettel ab)*
8!
Hotline:
Danke! Wir verbinden Sie nun mit unserem Vertriebsmitarbeiter, der Ihnen unsere Zusatzprodukte vorstellen wird.

*(Jürgen und Bärbel im Freeze, Sprecher*in auf Bühne)*

Sprecher*in:
Es ist nicht überliefert, ob Jürgen Wockenberg seinen Router jemals zum Funktionieren gebracht hat. Ich wünsche Ihnen viel Spaß bei Ihrem ganz persönlichen Anruf bei Ihrer Hotline. Aber denken Sie daran: Sagen Sie niemals 8!

ENDE

Die Vorzeigekinder

Besetzung:

7 Personen (3m/4w)

Vater Heinz, Mutter Margot, älterer Sohn Tim-Luka,
Tochter Cindy-Eileen, jüngerer Sohn Torben-Henrik
Freundin Sarah-Sophie, eine Fee

Inhalt:

Die Eltern sind genervt von Ihren Kindern. Die Kinder streiten sich und meckern über das Essen, wie so oft. Dann gibt es eine Wandlung der Kinder zu Vorzeigekindern. Auslöser ist der Auftritt einer Fee. Die Vorzeigekinder überziehen extrem, gewählte Sprache, gesundes Essen, Konversation auff hohem Niveau, Streber in Schule. Schließlich sind die Eltern auch davon genervt, besonders der Vater, der sich endlich satt an den Fernseher setzen möchte. In diesem Sketch aus dem Jahr 2009 ist noch von Gameboy, Nintendo und Hanna Montana die Rede. Gern können Sie den Text an die Multimedia-Geräte und Serien der aktuellen Zeit anpassen.

Bühnenbild:

Familie am Abendbrot-Tisch, große Uhr und Feenstab, beliebiges Musikinstrument für Sarah-Sophie

Der Sketch:

(Margot an einer Stirnseite des Tisches, Heinz an der anderen Stirnseite des Tisches, die 3 Kinder setzen sich an eine Längsseite)

Margot:
Kinder, Essen!

(Margot schaut auf die Uhr)

Margot:
Heinz, es ist ja schon halb sieben, die Kinder sind mal wieder zu spät. Kinder, Essen! *(energisch)* Heinz, sag du doch auch mal was!
Heinz: *(genervt)*
Kinder, Essen.

(es passiert nichts, die Eltern fangen an zu essen, Auftritt Torben-Henrik, er setzt sich auf den mittleren Stuhl und mault gleich rum)

Torben-Henrik:
Oh neh, Brot?! Immer nur Brot, nie gibt's was Schönes. Ich will noch Mittagessen.
Margot:
Das Mittagessen ist alle.
Heinz:
Es ist genug da, Wurst und Käse. Früher wären wir froh gewesen, wenn wir jeden Abend Wurst gehabt hätten.

Torben-Henrik:
Papa, du hast versprochen, dass wir zu McDonalds fahren.
Margot:
Heinz, stimmt das?
Heinz:
Torben-Henrik, ich habe gesagt, wenn ihr am Wochenende eure Zimmer aufräumt, Hausaufgaben macht und euch nicht streitet, können wir ja mal wieder zu McDonalds fahren.

(Auftritt Cindy-Eileen, schwungvoll setzt sie sich polternd an den Tisch)

Cindy-Eileen:
Was, wir fahren zu McDonalds?
Torben-Henrik:
Hat Papa versprochen.
Cindy-Eileen:
Super, Papa!
Torben-Henrik:
Ich will einen Cheesburger, Pommes und Cola.
Heinz:
Du darfst noch keine Cola.
Margot:
Heinz!
Heinz:
Torben-Henrik, Cindy-Eileen, wir fahren nicht zu McDonalds. Seit jetzt ruhig und bleibt still sitzen.
Torben-Henrik:
Voll gemein!

(5 Sekunden Ruhe, auch Kinder schauen nun auf den gedeckten Tisch)

Torben-Henrik:
Immer nur Brot, ich will Brötchen mit Nutella.

(Cindy-Eileen blickt intensiv auf das Essen)

Cindy-Eileen:
Das ist ekelig.
Torben-Henrik:
Cindy-Eileen hat ekelig gesagt!
Cindy-Eileen:
Halts Maul, du Zwerg!
Torben-Henrik:
Ich bin kein Zwerg, du Zicke.
Margot:
Kinder!
Heinz:
Ruhe!
Margot:
Cindy-Eileen, hol mal bitte den Saft aus dem Kühlschrank.
Cindy-Eilen:
Poh, immer ich! Torben-Henrik muss nie was machen. Heute ist Torben-Henrik aber mal dran.

(Auftritt Tim-Luka, setzt sich gelangweilt, begrüßt keinen)

Cindy-Eileen:
Tim-Luka kommt schon wieder zu spät. Nie sagt ihr was.

Tim-Luka:
Halt die Schnauze.
Torben-Henrik:
Papa, Tim-Luka hat *halt die Schnauze* gesagt!
Heinz:
Wieso kommst du erst jetzt? Du weiß, wir essen immer um halb sieben.
Tim-Luka:
Ich musste noch mit Jan-Malte für die Schule üben.
Cindy-Eileen:
Wer´s glaubt.
Heinz:
Cindy-Eileen, misch dich nicht ein.
Margot:
Schön, Tim-Luka. aber jetzt fang an zu essen. Nachher gibt es nichts mehr.
Torben-Henrik:
Tim-Luka, kommst du nach hier mit zu McDonalds?
Heinz:
Torben-Henrik! Ich habe dir erklärt, dass wir nicht zu McDonalds fahren. Außerdem ist Mc Donalds doch kein richtiges Essen, von einem Vollkornbrot hat der Körper viel mehr.
Margot:
Und besser für die Zähne ist es auch! Tim-Luka, hast du schon für Latein gelernt?
Tim-Luka:
Ja.
Heinz:
Wirklich?

Tim-Luka: *(gedehnt und genervt)*
Jaaaaa!
Margot:
Etwas mehr Respekt vor deinem Vater bitte!
Cindy-Eileen:
Das Essen ist so ekelig, ich habe keinen Hunger.
Tim-Luka:
Willst wohl in den Klub der Magersüchtigen, so wie deine Freundinnnen?
Cindy-Eileen:
Das geht dich einen Scheiß an.
Heinz:
Es reicht, wenn Ihr nicht sofort ruhig seit, gibt es Fernsehverbot.
Margot:
Heinz, denk an den Gameboy.
Heinz:
Und Gameboy-Verbot auch.
Torben-Henrik:
Das heißt nicht Gameboy, sondern Nintendo DS!
Cindy-Eileen:
Du Kröte, du weißt genau, was Papa meint.

(Tim-Luka springt auf)

Margot:
Wo willst du hin? Du hast doch kaum etwas gegessen!
Tim-Luka:
Weg.

Margot:
Wieso?
Tim-Luka:
Latein üben mit Jan-Malte.
Heinz:
Um zehn Uhr bist du wieder zuhause.
Cindy-Eileen:
Das ist gemein, ich darf nie solange weg.
Tim-Luka:
Na und, du hängst doch eh immer vorm Fernseher und guckst Hannah Montana und so einen Müll.
Cindy-Eileen:
Ich will heute abend Germanys Next Topmodel gucken.
Tim-Luka:
Noch mehr Magersüchtige. *(ab)*
Cindy-Eileen: *(brüllt hinterher)*
Musst du gerade sagen, du mit deinen Horrorfilmen.
Torben-Henrik:
SpongeBob fängt gleich an. *(schnell ab)*
Margot:
Torben-Henrik, bleib hier!
Cindy-Eileen:
Du guckst aber nur bis viertel vor acht, dann kommt Hannah Montana! *(ab)*
Heinz:
Cindy-Eileen!

(Eltern allein und frustiert)

Margot:
Die treiben mich in den Wahnsinn.
Heinz:
Mich auch.
Margot:
Warum können wir nicht auch Vorzeige-Kinder haben? Und wenn es nur für einen Abend wäre?

(Einspieler Harfenmusik oder ähnlich, Auftritt Fee)

Margot:
Träume ich oder wache ich?
Fee:
Ich bin die Fee der verzweifelten Eltern.
Heinz:
Ist schon wieder Halloween?

(Heinz und Margot starren die Fee an)

Fee:
Immer wenn Du denkst, es geht nicht mehr, kommt von irgendwo ein Lichtlein her. Ich habe eure Not vernommen und bin geschwind hierher gekommen. Euch zu helfen ist meine Mission, damit eure drei Kindlein treffen den richtigen Ton. So sei er euch gewährt, der Wunsch nach Vorzeigekindern. Herbei die adrette Tochter, herbei der gescheite Sohn – es sei euer Erziehung Lohn.
(Fee schelmisch zum Publikum, sie hält große Uhr hoch und dreht den Zeiger zurück, alternativ kann sie den Zauberstab schwingen)

Fee:
Liebes Publikum, drehen wir doch die Zeit einfach um eine halbe Stunde zurück!

(Fee ab von der Bühne. Heinz und Margot verwirrt, schütteln den Kopf)

Margot:
War da was?
Heinz:
Hast du eben auch von einer Fee geträumt?

(Margot schaut auf ihre Uhr und schreckt auf)

Margot:
Heinz, es ist ja gleich halb sieben, die Kinder kommen bestimmt wieder zu spät.
Heinz:
Dann ruf sie doch.

(Margot will ansetzen zum Rufen, da kommen alle drei Kinder artig auf die Bühne und setzen sich)

Torben-Henrik:
Oh lecker, Vollkornbrot mit Wurst und Käse, prima Papi.
Heinz: *(verdattert)*
Äh, freut mich, Torben-Henrik.

(Vater mit der Hand zum Brotkorb)

Cindy-Eileen:
Vater, können wir einmal wieder den leckeren Tofu-Quark-Aufstrich aus dem Reformhaus holen?

(Heinz unterbrochen, legt Brot zurück)

Heinz:
Wie bitte?
Tim-Luka:
Cindy-Eileen hat da eine gute Idee. Der Tofu-Quark-Aufstrich wäre der Wurst vorzuziehen. Der Quark kommt aus kontrolliertem Anbau, Vater.
Margot:
Ist Reformhaus nicht zu teuer?
Tim-Luka:
Nicht, wenn wir dafür einmal weniger mit dem Auto fahren und Sprit sparen.
Torben-Henrik:
Und wir könnten nur noch 1 x im Jahr zu McDonalds. Dann sparen wir doch auch.

(Heinz greift wieder zum Brotkorb)

Heinz:
Mag sein, also, guten Appetit.

(Heinz Hand wieder zurück, da Tim-Luka spricht)

Tim-Luka:
Vater, ich möchte mit Jan-Malte an der Latein-Olympiade teilnehmen.
Heinz: *(gequält)*
Schön.

(Latein-Konversation zwischen den Brüdern läuft gediegen)

Tim-Luka:
De gustibus non est disputandum.
Margot:
Bitte?
Torben-Henrik:
Über Geschmäcker ist nicht zu streiten.
Tim-Luka:
Hast du heimlich meine Latein-Bücher genommen, mein lieber Bruder?
Torben-Henrik:
Docendo discimus.
Tim-Luka:
Durch Lehren lernen wir!
Heinz:
Äh ja, sehr schön, aber jetzt können wir ja essen.

(Heinz Hand wieder zum Brotkorb)

Tim-Luka:
Festina lente.

(Heinz zieht Hand wieder zurück)

Torben-Henrik:
Eile mit Weile.
Margot:
Torben-Henrik, ich bin erstaunt!
Torben-Henrik:
Nur eine Kleinigkeit, Mutter.

(Heinz Hand wieder zum Brotkorb)

Cindy-Eileen:
Mutter, meine liebe Freundin Sarah-Sophie und ich möchten dir etwas vortragen.

(Vater zieht Hand wieder zurück, inzwischen verzweifelt)

Margot:
Na gut, morgen?

(Sarah-Sophie auf die Bühne)

Cindy-Eileen:
Jetzt, liebe Mutter. Sarah-Sophie, komm herein.

(sie begrüßt nacheinander jeden mit Handschlag, macht bei den Eltern einen Knicks)

Sarah-Sophie:
Guten Abend Frau Schmidt, guten Abend Herr Schmidt, hallo Torben-Henrik.

Torben-Henrik:
Hallo Sarah-Sophie.
Sarah-Sophie:
Hallo Tim-Luka.
Tim-Luka:
Hallo Sarah-Sophie.

(Sarah-Sophie spielt dazu ein Instrument, Cindy-Eileen sagt ein Gedicht auf)

Cindy-Eileen:
Du trugst mich neun Monate unter deinem Herzen,
bei meiner Geburt brachte ich dir Schmerzen,
du nährtest mich an deiner Brust,
ich brachte dir bestimmt auch Frust,
du lehrtest mich das Gehen,
heut kann ich alleine stehen,
du halfst mir durch so manche Not,
oftmals sahst du auch Rot,
durch dick und dünn bist du mit mir gegangen,
in meinem Herz bist du gefangen,
du warst immer für mich da,
ich danke dir und das ist wahr,
ich danke Gott dass es dich gibt.

(Sarah-Sophie bleibt auf der Bühne neben Cindy-Eileen stehen)

Margot:
Heinz, ist das nicht bezaubernd?

Heinz:
Ja, wirklich sehr schön – aber können wir jetzt nicht endlich anfangen zu essen?

(Heinz greift zum Brotkorb)

Heinz:
Ich möchte gleich Fußball gucken.

(Sarah-Sophie und Cindy-Eileen schauen sich entsetzt an)

Sarah-Sophie:
Aber Herr Schmidt, hat Ihnen Cindy-Eileen nichts von unserer Aktion "Fernsehfreies Wohnzimmer – Zeichen gegen Medien- und Konsumterror" erzählt?

(Heinz zieht Hand wieder zurück)

Cindy-Eileen:
Alle in unserer Klasse machen mit!
Margot:
Heinz?!
Torben-Henrik:
Toll, ich bin dabei.
Tim-Luka:
Beim Fußball geht es doch nur ums Geld.

(Heinz springt auf und brüllt los)

Heinz:

Ruhe! Es reicht! Sarah-Sophie, du kannst jetzt nach Hause gehen! Kinder, los anziehen! Wir fahren zu McDonalds und holen BigMac und Coca-Cola. Margot, geh in den Keller und hol Bier. Und danach gucke ich Fußball und wehe, einer wagt es mich zu stören. Und lasst bloß keine Fee mehr ins Haus!

ENDE

Das Pflegegutachten

Besetzung:

3 Personen (3m oder 2m/1w)

Heinz, sein Sohn Thomas, Herr o. Frau Goldmann, (Gutachter*in Pflegekasse)

Inhalt:

Heinz ist pflegebedürftig. Sein Sohn hat die Einstufung in Pflegegrad 3 beantragt. Nun möchte er seinen Vater intensiv auf die Begutachtung vorbereiten.
Der Sketch wurde der Komödie *Pflegegrad 3* entnommen: Nach dem letzten Krankenhausaufenthalt ist Heinz Reichert auf häusliche Pflege angewiesen. Seine drei Kinder müssen sich mit Ärzten und Pflegediensten auseinandersetzen. Zwischen den Geschwistern schwelende Konflikte treten hervor. Leider geht von Heinz keinerlei beschwichtigende Wirkung aus. Stattdessen schürt er mit seiner eigenwilligen Art den Streit noch. Die Situation eskaliert schließlich, als Heinz Sohn Thomas seinen Vater minutiös auf die gutachterliche Prüfung des Pflegegrads vorbereiten will.

Bühnenbild:
das Wohnzimmer von Heinz, Tisch, 2 Sessel oder 1 Sessel und ein Sofa

Der Sketch:

Thomas:
Papa, morgen ist es soweit. Lass mich dich doch endlich auf die Begutachtung vorbereiten.
Heinz:
Du lässt sonst nicht locker, was?
Thomas:
Exakt.
Heinz:
Gut, dann lass mal hören.
Thomas:
Du sitzt auf dem Sofa, ich komme herein und spiele den Gutachter.
Heinz:
Kommt eine Frau oder ein Mann?
Thomas:
Keine Ahnung, ist das wichtig?
Heinz:
Nur, wenn ich die Hose runterlassen muss. Vielleicht wollen die auch wissen, ob unter der Gürtellinie noch alles ok ist.
Thomas:
Ich glaube, du kannst die Hose anlassen.

*(Thomas nimmt sich Blätter und Stift, geht in den Flur und kommt wieder zurück, spielt Gutachter*in)*

Thomas:
Guten Tag Herr Reichert, Goldmann mein Name.

Heinz:
Wieso Goldmann? Wie kommst du ausgerechnet auf diesen Namen?
Thomas:
Ich habe beim Pflegedienst auf der Homepage nachgesehen, da stand Goldmann als zuständige Gutachterstelle. Wir fangen nochmal an. *(geht raus und kommt wieder rein)* Goldmann mein Name, guten Tag Herr Reichert.
Heinz:
Ich weiß, Sie waren eben schon mal da.
Thomas:
Willst du mich veräppeln? *(geht wieder Richtung Tür)*
Heinz:
Komm schon zurück. Ich unterbreche dich nicht mehr.
Thomas:
Also gut, wo waren wir stehen geblieben?
Heinz:
Guten Tag, mein Name ist Reichert.
Thomas:
Angenehm, Goldmann.
Heinz:
Das sagten Sie schon.
Thomas: *(Stirnrunzeln, macht aber weiter)*
Ich wurde beauftragt, den Pflegegrad zu überprüfen.
Heinz:
Ich bin bereit.
Thomas:
Ich werde Sie nun zu verschiedenen Punkten befragen.
Heinz:
Ich bin kerngesund.

Thomas:
Stopp!
Heinz:
Habe ich was falsch gemacht?
Thomas: *(doziert)*
Es ist eine Todsünde, kerngesund zu sein, jedenfalls, wenn der Gutachter kommt. Wenn du dich also losgelöst von konkreten Fragestellungen in irgendeiner Form zu deinem Wohlbefinden oder deinem Gesundheitszustand äußerst, sollte das dramatisch und lebensbedrohlich klingen. Bekommst du das hin?
Heinz:
Ich versuche es.
Thomas:
Wo waren wir stehen geblieben?
Heinz:
Ich bin kerngesund.
Thomas:
Nein! Du bist so gut wie tot!
Heinz.
Ach stimmt, mir geht es ganz schlecht.
Thomas:
Geht doch. Machen wir weiter. Herr Reichert, ich muss den Status ihrer Mobilität prüfen. Bevor ich damit anfange, können Sie mir bitte mal ein Glas Wasser holen.
Heinz:
Aber gern. *(springt auf, hetzt zur Küchentür)*
Thomas.
Stopp!

Heinz:
Was ist denn jetzt schon wieder?
Thomas:
Papa, setz dich mal zu mir.

(Thomas setzt sich, Heinz setzt sich zu ihm)

Thomas:
Die haben lauter fiese Tricks, mit denen die dich aufs Glatteis führen wollen. Gerade bei älteren Mitmenschen setzen sie auf die Höflichkeitsmasche. Und zack, wenn du ihnen ein Glas Wasser geholt hast, notieren Sie, dass du fit bist und laufen kannst. Also nix mit Pflegegrad und so.
Heinz:
Dann wollen die einen austricksen?
Thomas:
Genau, das ist quasi der Vorläufer des Enkeltricks, also eine ganz miese Masche. Wirst du also ein Glas Wasser holen, wenn du danach gefragt wirst?
Heinz:
Verdursten sollen die, alle miteinander!
Thomas:
So ist es gut. Machen wir also weiter. Herr Reichert, kommen wir nun zu ihren kognitiven und kommunikativen Fähigkeiten. Dazu gehört auch, sich eigenständig mit der Außenwelt in Verbindung zu setzen. Nichts leichter als das, wenn man ein Telefon hat. Schwer wird es aber, wenn man mit der Technik überfordert ist.
Heinz:
Mir geht es ganz schlecht.

Thomas:
Das wissen wir, Herr Reichert. *(gespielt)* Ach Mensch, ich muss noch in der Zentrale anrufen, habe aber mein Telefon im Auto liegen lassen. Das ist jetzt aber blöd.

(Heinz springt auf, holt Thomas das Telefon, Thomas schaut böse und schüttelt den Kopf, Heinz bringt Telefon zurück und setzt sich bedrückt)

Heinz:
Mir geht es wirklich schlecht, ich fühle mich so dämlich.
Thomas:
Das ist prima.
Heinz:
Bitte?
Thomas:
Naja, ich erkenne Einsicht. Das ist eine gute Voraussetzung für einen Lernerfolg. Papa, wir werden jetzt üben, üben und nochmals üben.
Heinz:
Muss das denn wirklich sein?
Thomas:
Das muss sein. Und wenn wir fertig sind, dann macht dir niemand mehr etwas vor!

(Vorhang o. Licht dunkel für Szenenwechsel, am nächsten Tag, Heinz sitzt auf seinem Sofa, es klingelt)

Heinz:
Jetzt wird es ernst.

(Heinz steht auf, geht mit Rollator bewusst langsam zur Tür, hält zwischendurch inne, zählt mit den Fingern in den Pausen immer ganz langsam 10 Sekunden runter)

Heinz:
Moment. *(Pause)* Mir geht es ganz schlecht. *(es klingelt)* Gleich doch. *(Pause)* Alter Mann ist doch kein D-Zug. *(Pause)* Meine Beine wollen nicht mehr so wie früher. *(Pause)* Gleich bin ich da.

(verschwindet im Flur, kommt mit Goldmann zurück, schleicht mit Rollator geradezu hinterher, lässt sich kraftlos auf das Sofa fallen)

Goldmann:
Goldmann mein Name, guten Tag Herr Reichert.
Heinz:
Ich weiß.
Goldmann:
Was wissen Sie?
Heinz:
Mir geht es nicht gut. Das war eben sehr anstrengend für mich.
Goldmann:
Mein lieber Herr Reichert, ich möchte heute einige Dinge mit Ihnen besprechen.
Heinz:
Heute ist gut, wer weiß, ob ich morgen noch am Leben bin.
Goldmann:
So schlimm?

Heinz:
Schlimmer.
Goldmann:
Fangen wir an mit Ihren kognitiven Fähigkeiten. Sie wissen, warum ich hier bin?
Heinz:
Nein, und wer sind sie?
Goldmann:
Ihr Sohn hat mich beauftragt.
Heinz:
Ich habe keinen Sohn.
Goldmann:
Doch, Thomas Reichert.
Heinz:
Das muss eine zufällige Namensgleichheit sein.
Goldmann: *(zu sich)*
Netter Versuch.
Heinz:
Was haben sie gesagt? Ich höre nicht gut. Überhaupt geht es mir heute gar nicht gut. Wie eigentlich jeden Tag.

(Goldmann zeigt plötzlich einen Schwindelanfall)

Goldmann:
Ich glaube, mir geht es nicht gut.
Heinz:
Sehen Sie, genauso ist es bei mir.

(Goldmann plumpst in den Sessel)

Goldmann:
Es geht sicher gleich wieder. Wenn Sie mir bitte ein Glas Wasser bringen würden?

(Heinz versucht aufzustehen, schafft das aber nicht, natürlich beabsichtigt)

Heinz:
Es geht nicht. Nichts geht. Alt und krank sein ist Scheiße.
Goldmann: *(geht es zusehens schlechter)*
Wasser…
Heinz:
Was sagen Sie, ich kann sie nicht hören. Meinen Ohren geht es auch nicht gut.
Goldmann:
In meinem Mantel in der Innentasche sind Tabletten.
Heinz: *(zu sich)*
Netter Versuch.
Goldmann:
Bitte, es ist dringend.
Heinz:
Ich bin noch völlig entkräftet von vorhin, als ich Ihnen die Tür öffnen musste. Sie haben mich durch ihr Klingeln so gehetzt. Ich muss erst wieder Kraft tanken.
Goldmann:
Hilfe, Sie müssen den Notarzt anrufen.
Heinz: *(zu sich)*
Mieser Enkeltrick!
Goldmann:
So helfen Sie mir doch!

Heinz:
Ich würde ja gern, aber mir geht es heute nicht gut. Vielleicht kommen Sie ein anderes Mal wieder?
Goldmann:
Wo ist ihr Telefon?

(Heinz zeigt wortlos Richtung Telefon, Goldmann rafft sich auf, schleppt sich ein Stück, lässt ein dramatisches „ah" ertönen, bricht zusammen, er ist tot, Heinz beachtet das nicht, es vergehen 15 Sekunden, Heinz Telefon klingelt, Heinz ignoriert das, nochmal 15 Sekunden, Telefon klingelt erneut, Heinz schleicht sich an Goldmann vorbei zum Telefon, nimmt ab)

Heinz:
Hier Reichert. … Hallo Thomas, ja, die vom Gutachterdienst waren schon da. … Ob ich an alles gedacht habe? Sag mal, hältst du mich für senil? Natürlich habe ich das! Ich lasse mir nichts vormachen. … Moment. *(schaut zu Goldmann)* … Offenbar eingeschnappt, weil ich nicht auf die Tricks reingefallen bin, stellt sich tot. Übrigens, du weißt auch nicht alles, mein Sohn. Von dem Trick mit den Tabletten und dem Notarzt hattest du mir gar nichts erzählt. Ich bin aber trotzdem nicht darauf reingefallen. ….
Ach, der Trick wird gar nicht angewendet. Das ist aber komisch. … Ich soll das Telefon rüberreichen? Das geht aber nicht. … Sagte ich doch, stellt sich tot. … Ich soll den Puls fühlen. … Aber ich bin doch alt und kann nichts, hast du mir erklärt. … Gut, wenn das jetzt egal ist, dann gucke ich mal. … Ja, ich melde mich gleich nochmal.

(Heinz legt auf, geht zu Goldmann, fühlt Puls, horcht am Brustkorb, testet, ob Atemluft kommt, wendet sich geschockt von Goldmann ab, zum Publikum)

Heinz:
Ach du Scheiße!

ENDE

Homeoffice

Besetzung:

5 Personen (2m/3w, 3m/2w oder 4m/1w)

Sprecher*in, Volker Schrempf, seine Frau Sabine, Nachbar Bernd Schneider, Zusteller*in

Inhalt:

Wirrungen und Liebschaften rund um Homeoffice. Der Sketch wurde der *Komödie Black Friday – wenn der Postmann keinmal klingelt* entnommen: Die Corona-Pandemie sorgt für ein unruhiges Jahresende, auch im Haushalt der Familie Schrempf. Volker ist im Homeoffice und nervt die Familie. Seine Frau Sabine kann die Liaison mit ihrem Nachbarn nicht wie gewohnt ausleben, überhaupt hapert es mit dem ehelichen Glück. Volkers Schwester Tamara wittert überall Verschwörungen und Tochter Sandra muss sich beim Online-Studium wohl oder übel mit der schlechten WLAN-Verbindung im Haus abfinden. Doch das dicke Ende kommt noch: Black Friday! Der Wahn um das beste Schnäppchen und ein ominöser Geheimzirkel machen das häusliche Chaos schließlich perfekt.

Bühnenbild:

Das Ess- und Wohnzimmer der Familie. An einer Seite die Tür zum Flur, an der anderen Seite die Tür zum Büro.
In der Mitte die Terrassentür. Auf der Terrasse steht für die Zuschauer sichtbar eine große Altpapiertonne.

Der Sketch:

(Bernd und Sabine im zärtlichen Clinch, er sitzt auf Stuhl, sie rittlings auf ihm, er mit freiem Oberkörper, sein T-Shirt liegt auf dem Boden, sie vollständig bekleidet, etwas derangiert)

Sprecher*in:
Homeoffice ist in aller Munde, nicht erst seit Corona, aber besonders seit Corona. Für die einen ist die Büroarbeit Fluch, für die anderen Segen. Man darf gespannt sein, welche Auswirkungen es auf die Geburtenraten, die Scheidungsquoten und allgemein auf das Liebesleben haben wird. Apropos Liebesleben, schauen wir doch einfach dabei zu, wie dieses Paar mit der Situation umgeht. *(ab)*
Bernd:
Mein lieber Scholli, du gehst heute aber ran.
Sabine:
Sag das noch mal.
Bernd:
Mein lieber Scholli?
Sabine:
Ich liebe es, wenn du das sagst, mein lieber Bernd.

Bernd:
Meine liebe Sabine, ich liebe es, wenn du so auf mir sitzt.
Sabine:
Ich verstehe gar nicht, warum immer behauptet wird, sitzende Tätigkeiten wären ungesund. Das ist gut für Herz, Kreislauf und Durchblutung.
Bernd:
Vor allem die.
Sabine:
Und von hier kann ich ganz genau sehen, ob jemand kommt.
Bernd:
Wer sollte denn kommen?
Sabine:
Zum Beispiel ein Handwerker oder ein Paketbote.

(es klingelt)

Bernd:
Es hat geklingelt.
Sabine:
Das habe ich gehört.
Bernd:
Willst du nicht aufmachen?
Sabine:
Dann müsste ich aufstehen und das will ich jetzt nicht.
Bernd:
Ich will das auch nicht, es passt gerade so schön.

(es klingelt)

Bernd:
Ziemlich lästig.
Sabine:
Sicher die Post.

*(Zusteller*in klopft an die Terrassentür, diese öffnet sich leicht, da nicht verriegelt)*

Bernd:
Jetzt nicht!
Zusteller*in:
Machen Sie ruhig weiter, ich will nur ein Paket abliefern.
Sabine:
In die Tonne damit.

*(Zusteller*in macht Zeichen des Verstehens, legt Paket in die Tonne, ab)*

Bernd:
Und wenn man uns verrät?
Sabine:
Keine Angst, die Post will nur ihre Pakete loswerden, der Rest interessiert die nicht. Wir könnten hier auch nackt sitzen, das würde den Paketdienst nicht jucken.
Bernd:
Mein lieber Scholli!
Sabine:
Mein lieber Bernd!

(Motorengeräusch aus dem Off)

Bernd:
Klingt wie die M-Klasse von Daimler.
Sabine: *(horcht auf)*
Was für eine Farbe?
Bernd:
Die Farbe kann ich leider nicht hören.

(Sabine steht auf, schaut aus der Terrassentür)

Sabine:
Volker!
Bernd:
Dein Mann? Wieso kommt der jetzt schon?
Sabine:
Keine Ahnung, du musst hier weg, und zwar sofort.
Volker: *(aus dem Off)*
Liebling, ich bin zuhause, nicht erschrecken.
Sabine:
Ja, Schatz.

(Sabine schiebt Bernd durch die Terrassentür, er vergisst sein T-Shirt, Volker kommt rein, sie nimmt geistesgegenwärtig das T-Shirt und putzt damit die Scheiben der Terrassentür)

Volker:
Der Chef hat Homeoffice für alle angeordnet, wegen Corona.
Sabine:
Das ist schrecklich.

Volker:
Immerhin sehen wir uns beide dann wieder öfter.
Sabine:
Oh nein!
Volker:
Bitte?
Sabine: *(putzt heftig)*
So ein Dreck an der Scheibe, da muss ein Vogel im Flug was fallen gelassen haben.
Volker:
Sabine, du wischst drinnen.
Sabine:
Ach wirklich? Da kannst du mal sehen, wie hartnäckig der Dreck ist.
Volker:
Es kann ein paar Wochen dauern mit dem Homeoffice.
Sabine:
Scheißdreck! *(putzt noch heftiger)*
Volker:
So schlimm?
Sabine:
Mistviecher.
Volker:
Soll ich dir helfen?
Sabine:
Danke, es geht schon.
Volker:
Vorbildlich, dass du, bevor du zur Arbeit gehst, daheim noch putzt. Ich bin in unserem kleinen Büro, wenn du mich suchst.

Sabine:
Viel Spaß im Homeoffice.
Volker: *(sarkastisch)*
Den werde ich haben.
(Volker ins Büro, Sabine ruft Bernd an)
Sabine:
Du hast was vergessen.

(sie wartet an der Terrassentür, Bernd erscheint, nimmt T-Shirt, sie flüstern)

Bernd:
Was zum Teufel macht der hier?
Sabine:
Homeoffice wegen Corona.
Bernd:
Verflixt! Wie lange?
Sabine:
Keine Ahnung, aber sicher mehrere Wochen.
Bernd:
Na toll. Dabei hat der Tag so gut angefangen.
Sabine: *(fasst ihn an den Hintern)*
Das holen wir bald nach.
Bernd:
Mein lieber Scholli!
Sabine:
Wir müssen vorsichtig sein.
Bernd:
Ich behalte dich im Auge. *(ab)*

Moderator*in:
Auch wir werden das gemeinsam im Auge behalten und mal schauen, wie sich die Geschichte von Sabine, Bernd und Volker bis zum Ende der Pandemie entwickelt.
Und bis dahin wünsche ich Ihnen viel Spaß in ihrem ganz persönlichem Homeoffice, frei nach dem Motto *my homeoffice ist my castle*.

ENDE

Multi-Media-Kids

Besetzung:

6 Personen (3m/3w)

Jochen Publatt, Mädchen am Computertisch, Mädchen mit Handy, weiteres Mädchen mit Handy, Junge an Spielkonsole, Junge am Gameboy

Inhalt:

Fernsehmoderator Jochen Publatt erklärt den Zuschauern den Umgang der Kinder und Jugendlichen mit den neuen Medien.

Bühnenbild:

Computertisch mit PC

Der Sketch:

(Die Kinder kommen auf die Bühne. Dabei machen die Geräte schon Geräusche = Gameboy und Handys. Computergirl setzt sich an den PC und hämmert laut auf die Tasten. Multi-Media-Geräusche einspielen.)

(Auftritt Publatt, Multi-Media-Geräusche leiser, Kinder weiter in Aktion)

Publatt:
Guten Abend meine verehrten Damen und Herren, ich bin Jochen Publatt und begrüße Sie herzlich zu einer neuen Ausgabe von Jochen Publatt. Ja, meine Damen und Herren, heute beschäftigen wir uns mit den Kindern und Jugendlichen in der multimedialen Welt.
(geht zu Mädchen am PC)
Sie alle haben sich bestimmt schon einmal gefragt, was in den Köpfen der Kinder und Jugendlichen vorgeht, wenn sie am Computer hocken ...
(geht zu den Mädchen mit den Handys)
... das Handy am Ohr haben ...
(zum Jungen an Spielkonsole)
... gebannt vor der Spielkonsole sitzen ...
(zum Jungen am Gameboy)
... den Gameboy fixieren ...
(zurück zum Jungen an Spielkonsole)
... und scheinbar nichts mehr von der realen Welt mitgekommen. Meine Damen und Herren, neueste wissenschaftliche Studien haben erstaunliche Dinge ans Tageslicht gebracht. Dabei wurden einige Thesen erhärtet, andererseits aber bisherige Annahmen auf den Kopf gestellt.
(wieder zum Mädchen am PC)
Nehmen wir einmal diese Jugendliche vor dem Computer. Scheinbar nur auf das Geschehen am Computer fixiert und von der Außenwelt abgeschnitten, dient das Ganze doch tatsächlich der Vorbereitung auf das Leben in der freien Wildbahn. Alle wichtigen Körperfunktionen sind auf das lebensnotwendige Minimum reduziert, der Körper läuft gewissermaßen auf Sparflamme.

Lediglich die Muskulatur von Augen und Fingern arbeitet. Doch das täuscht den Beobachter, reagiert das Kind doch explosionsartig auf lebensbedrohliche Situationen. Ohne darauf vorbereitet zu sein, kann es zu plötzlichen Engpässen bei der Versorgung mit Chips und Cola kommen! Hier kann die Jugendliche die Situation mit einem ...

Mädchen am PC:

Mama, kann ich noch Cola und Chips?

Publatt:

... meistern. Bemerkenswert sind auch die codierten Texte, mit denen die Kinder kommunizieren. Hier ein Beispiel: ... *bin off* – bedeutet: ich schreibe nicht mehr. Während die Eltern diesem Code ratlos gegenüberstehen, entdecken die westlichen Geheimdienste hierin neue Möglichkeiten der Chiffrierung.

(zurück zu Mädchen mit Handys)

Ja, meine Damen und Herren, auch das Phänomen Handy wurde näher untersucht. Ging man früher davon aus, dass insbesondere die Kinder diese neue Technik nur nutzen, um belanglos miteinander zu plaudern, sieht man das Ganze heute in einem völlig anderen Licht. Geschickt überbrücken sie Raum und Zeit, nutzen diese moderne Technik zu ihren Zwecken. Diese beiden Kinder z.B. sind Freunde und planen perfekt und effektiv die gemeinsamen Nachmittage. Dabei können sie den gefährlichen Weg durch das Freie vermeiden. Schließlich wären 150 Meter in der Nachbarschaft zu überwinden, wenn sie sich gegenseitig besuchen wollten. Oft kommt es dabei zu unberechenbarem Nieselregen oder anderen Extremwetterlagen.

Meine Damen und Herren, schauen Sie jetzt einmal genau hin. Da wird eben eine SMS mit folgendem Inhalt abgesandt: *Liebe Leonie, ich rufe dich gleich mal an.*
Ein grandiosen Beispiel für ein perfektes Zusammenspiel von Mensch und Technik.
(zum Jungen an Spielkonsole)
Nach diesen neuen Erkenntnissen folgen Sie mir nun zu einer anderen Art der Vorbereitung auf den Ernst des Lebens, die vor allem die männlichen Heranwachsenden fasziniert. Gemeint sind die stationären ...
(zeigt auf Jungen an Konsole)
... und mobilen Spielkonsolen.
(zeigt auf Jungen am Gameboy)
Diese Jungs lebt nur für ihren Highscore, sie arbeiten täglich an der Verbesserung ihres Punktestandes. Besser kann man sich nicht auf seine spätere Rolle als Teilnehmer im Wirtschafts- und Finanzleben vorbereiten. Befürchtungen von Eltern, ihre Kinder würden nur noch vor dem Gerät hocken und nicht mehr am Familienleben teilnehmen, haben sich nach den neuesten Testreihen nicht bewahrheitet.
Meine Damen und Herren, ich möchte Ihnen hier einmal kurz zeigen, dass sich die Spielkonsolen und die aktive Teilnahme am Familienleben durchaus miteinander vereinbaren lassen. Dafür haben wir einen Versuch vorbereitet
(geht zum Jungen am Gameboy)
Jonathan, komm zum Essen.
Junge am Gameboy:
Warte ...
(geht zum Jungen mit Spielkonsole)

Publatt:
Max, räum bitte deine Tupper aus dem Schulranzen.
Junge an Konsole:
Gleich ...

(geht zum Jungen am Gameboy)

Publatt:
Jonathan, komm zum Essen.
Junge am Gameboy:
Warte ...

(geht zum Jungen mit Spielkonsole)

Publatt:
Max, wir müssen gleich zum Sport
Junge an Konsole:
Gleich ...
Publatt:
Sie sehen, meine Damen und Herren, diese Kinder verhalten sich völlig normal und nehmen wie jedes anderen Kind am Familienleben teil. Ja, meine Damen und Herren, wir sind nun am Ende unserer heutigen Ausgabe von Jochen Publatt angelangt. Ich hoffe, es hat Ihnen gefallen und würde mich freuen, wenn Sie auch nächstes Mal einschalten bei Jochen Publatt.

ENDE

Der Familienbetrieb

Besetzung:

4 Personen (2 m/2w oder 1m/3w)

Sprecher*in, Dieter Schneider, seine Gattin Jasmin, seine Mutter Hilde

Inhalt:

Der Sketch steht unter dem Motto *Augen auf bei der Berufswahl* und kann zudem in Themenveranstaltungen wie z.B. *Restaurant-Tester* oder *Restaurant-Retter* eingebunden werden. Bei dem Sketch handelt es sich im Kern um die Eröffnungsszene der Komödie *Imbis La Grande*:
Dieter Schneider ist Betreiber von Dieters Fritten-Box. In Zeiten großer Konkurrenz durch Döner-Buden, Asia-Imbisse, Pizza-Bringdienste und Tankstellen-Shops laufen die Geschäfte mehr schlecht als recht. Da meint es Dieters Servicekraft Rita nur gut, als sie sich mit der Fritten-Box heimlich bei der TV-Soap Gastro-Max bewirbt, ohne dass Dieter etwas davon ahnt. Die Fritten-Box soll zum Imbiss La Grande emporsteigen. Aber wie heißt es so schön: Das Gegenteil von gut ist nicht böse, sondern gut gemeint. Wird der Einsatz von Sabine Max als Frontfrau von Gastro-Max die Dinge zum Guten wenden? Diese Komödie offenbart gleichermaßen kulinarische wie menschliche Abgründe.

Bühnenbild:

ein schmuddeliger Raum, dient als Büro, Lager- und Aufenthaltsraum, links die Tür zum Kühlraum, rechts die Tür zum Gastraum

Der Sketch:

Sprecher*in:
Sie kennen den berechtigten Spruch *Augen auf bei der Berufswahl*. Das lässt sich beliebig erweitern: *Augen auf bei der Wahl Ihres Imbisses*, aber auch *Augen auf bei der Personalauswahl*. Letzteres gibt besonders bei Familienbetrieben häufig Anlass zu Konflikten, die man hätte vermeiden können, wenn man den Grundsatz von Beginn an beherzigt hätte und sich vor allem strickt daran gehalten hätte, Mütter und Schwiegermütter von diesem Grundsatz nicht auszunehmen. Sehen Sie nun, zu welchen Problemen das gerade in Familienbetrieben führen kann. *(ab)*

(Jasmin erscheint, räumt herum, meckert und äfft Dieter nach)

Jasmin:
Lass uns ein Restaurant aufmachen, hat er gesagt. *Als Selbständiger kann ich alles von der Steuer absetzen*, meinte er. *Wozu in Knechtschaft weiter für irgendwelche Chefs arbeiten?* Das hat er wochenlang gepredigt. *Lieber der eigene Chef sein*, prahlte er. Gut, ich habe meinen Job aufgegeben.

Dieter fiel es im Gegensatz zu mir nicht schwer, seinen Job aufzugeben. Kein Wunder, er hatte gar keinen Job, dafür aber 12 Semester BWL ohne Abschluss. Nun ja, ich war jung und verliebt. Dann der erste Tiefschlag: Von wegen Restaurant! *Lass es uns erstmal mit einem Imbiss versuchen.* Tim Mälzer und Christian Rach haben auch mal klein angefangen. Gut, denke ich, wozu hat er BWL studiert? Und dann hat Dieter auch noch einen PR-Berater für ein Brainstorming beauftragt! Brainstorming, wenn ich das schon höre! Er hätte lieber mal seinen Brägen anstrengen sollen. Dann hätte er gemerkt, dass es absoluter Schwachsinn ist, über 2.000 Euro dafür auszugeben, dass sich irgend so ein PR-Fuzzi den Namen für unseren Imbiss ausdenkt. Dieters Fritten-Box, der Name ist jeden Cent wert, hat Dieter gesagt.

(Dieter erscheint mit eingekaufter Tiefkühlware)

Jasmin:
Hast du endlich Pommes gekauft?
Dieter:
Ich weiß schließlich, was sich für Dieters Fritten-Box gehört. Und es hat sich gelohnt, die waren nämlich bei der Metro im Angebot.
Jasmin:
Beim Kauf von Pommes muss man nicht auf Sicht fahren. Man muss nicht warten, bis man merkt, dass die letzte Pommestüte angebrochen ist.
Dieter:
Machst du mir bitte mal den Kühlraum auf?

(sie öffnet die Kühlraumtür, er verschwindet)

(Hinweis: Im Sketch wird auf der Unsitte des falsch gesetzten Apostroph herumgeritten. Daher immer besonders überdeutlich betonen, z.B. „Kerstin´sssss Nagel-Studio)

Jasmin:
Dieters Fritten-Box, was für ein bescheuerter Name. Immerhin konnte ich ihn davon abhalten, Dieters als „Dieter Apostroph S" zu schreiben. Diese Peinlichkeit hätte ich nicht ertragen.

(Dieter zurück aus Kühlraum)

Dieter:
Übrigens, Kerstin´s Nagel-Studio hat jetzt auch ein Apostroph im Namen, hast du schon gesehen?
Jasmin:
Habe ich Zeit, in ein Nagel-Studio zu gehen?
Dieter:
Du musst auch mal an dich denken und dir Zeit für dich nehmen. Gönn dir was Gutes. Es ist alles nur eine Frage der Planung.
Jasmin:
Das hättest du dir überlegen sollen, bevor wir diesen Imbiss eröffnet haben. *(sarkastisch)* Ich will aber nicht nur meckern, wenigstens einen Vorteil hatte das Ganze für mich.
Dieter:
Na siehst du. So ist es richtig, immer das Gute sehen.

Jasmin:

Durch den ewigen Gestank von Frittenfett in meinen Haaren und in meinen Klamotten wusste ich schon vor allen anderen, was Social-Distancing ist. Das hat mich die Corona-Zeit besser überstehen lassen als manch anderen.

Dieter:

Nur Geduld, wie oft habe ich dir schon gesagt, wenn das Geschäft in diesem Sommer gut läuft, kann ich uns endlich den neuen Wrasenabzug kaufen.

Jasmin:

Das erzählst du nun schon… *(zählt an den Fingern ab) …* seit sieben Jahren.

Dieter:

Diesmal wird es klappen. Der Techniker ist für nächste Woche bestellt.

Jasmin:

Ich will es hoffen, sonst macht uns der Kontrolleur den Imbiss bald dicht. *(zeigt auf das Schreiben, das an der Tafel hängt)* Das ist der Auflagenbescheid vom Ordnungsamt und wenn du gefälligst mal genau hinsiehst, dann siehst du, dass ich erst eine der Auflagen abgehakt habe.

Dieter:

Ich arbeite eben alles gewissenhaft ab, eins nach dem anderen.

Jasmin:

Wenn ich dich daran erinnern darf: Die erste Auflage gab uns auf, den Gastraum gründlich zu reinigen.

Dieter:

Das haben wir doch gemacht.

Jasmin:

Wir? Das ich nicht lache. Ich habe geschrubbt wie eine Wilde. Aber um die anderen Auflagen kümmerst du dich gefälligst selbst! Und wenn du willst, kannst du gerne deine Mutter um Hilfe bitten. Die fragst du doch sonst auch wegen jeder Kleinigkeit.

Dieter:

Was hat meine Mutter damit zu tun?

Jasmin:

Eine ganze Menge. Lieber der eigene Chef sein, hast du mir damals gesagt.

Dieter:

Ich bin doch mein eigener Chef.

Jasmin:

Du und dein eigener Chef? Dass ich nicht lache! Deine Mutter hat hier die Hosen an und du tanzt nach ihrer Pfeife. Alle wissen das, nur du verdrängst das Tag für Tag. Du bist überhaupt ein Meister im Verdrängen.

Dieter:

Das stimmt überhaupt nicht. Ich lasse ihr nur zum Schein ihren Willen. Das ist Psychologie. Ich habe es dir schon so oft erklärt. Mama soll sich einfach noch gebraucht fühlen. Stell dir mal vor, du wärst in ihrem Alter. Versetz dich mal in ihre Lage. Die Familie hält eben zusammen.

Jasmin:

Man kann sich alles schönreden. Wenn sich deine Mutter gebraucht fühlen möchte, dann soll sie bei der Tafel mitarbeiten oder als Lese-Oma in der Grundschule, aber nicht hier.

Dieter:
Wir können Hilfe gut brauchen.
Jasmin:
Und wozu haben wir dann Rita eingestellt?
Dieter:
Ritas Hilfe ist wichtig. Aber Mamas Küchenerfahrung ist nicht zu unterschätzen.
Jasmin:
Hah! Du hast wieder Mama gesagt!
Dieter:
Habe ich nicht.
Jasmin:
Hast du doch, wie ein kleiner Schuljunge. *(äfft ihn nach) Mama, Mama. Geht es dir gut, Mama? Tolle Idee, Mama.* Ich sage dir mal was: Werde endlich erwachsen!

(eisiges Schweigen, sie räumen weiter, versuchen, sich aus dem Weg zu gehen)

(Hilde trägt Kittel, sie erscheint mit einer Packung Klopapier, Packungen Mehl und Zucker, legt das ab, beachtet Jasmin zunächst nicht)

Hilde:
Guten Morgen, mein Junge.
Dieter:
Guten Morgen, Mama.

(Bussi von Hilde für Dieter, Jasmin dreht sich angewidert weg)

Hilde: *(hält Packung Klopapier hoch)*
Kannst du das bitte für mich weglegen? Ich habe das Zeug schon vom Supermarkt bis in unser Restaurant geschleppt.

Dieter:
Hier ist aber kein Platz mehr. Das siehst du doch.

Hilde:
Ach Junge, du Dummerchen. *(zeigt auf die Tür zum Kühlraum)*

Dieter:
Das ist ein Kühlraum für Lebensmittel.

Hilde:
Wenn du das Mehl und den Zucker dazu nimmst, gilt das alles zusammen als Lebensmittellieferung, auch das Klopapier.

Jasmin:
Das wird das Ordnungsamt aber überhaupt nicht gern sehen.

Hilde: *(spielt die Überraschte)*
Ach Jasmin, du bist auch hier?

Jasmin:
Es wird sich kaum vermeiden lassen.

Hilde:
Im Gastraum könnte mal wieder gewischt werden.

Jasmin: *(holt Schrubber aus Ecke oder Wandschrank)*
Da kann ich wenigstens in Ruhe arbeiten.

Dieter:
Ich kann dir nachher noch helfen, mein Schatz.

Jasmin: *(gekünstelt)*
Nein danke, mein Schatz! *(ab)*

(Dieter räumt die Sachen in den Kühlraum und unterhält sich dabei mit Hilde, die sich auf einen Stuhl gesetzt hat, entsprechend Sprechpausen, wenn Dieter zwischendurch im Kühlraum verschwindet)

Hilde:
Junge, hast du schon gehört? Kerstin hat morgen große Neueröffnung mit ihrem Nagel-Studio.
Dieter:
Ich weiß. Haben sie im Ort erzählt.
Hilde:
Der Name vom Studio klingt pfiffig: Kerstin´s Nagel-Studio.
Dieter:
Ich weiß, mit Apostroph.
Hilde:
Warum hast du kein Apostroph im Namen?
Dieter:
Möchte Jasmin nicht.
Hilde:
Du machst auch alles, was dir deine Frau sagt. Wohl, weil sie Abitur hat, was?
Dieter:
Das stimmt überhaupt nicht. Ich lasse ihr nur zum Schein ihren Willen. Das ist Psychologie. Das habe ich dir schon so oft erklärt. Sie soll sich einfach gebraucht fühlen. Versetz dich mal in ihre Lage. Immerhin hat sie Ihren Job für unseren Imbiss aufgegeben.

Hilde:
Das hätte sie nicht machen müssen. Wir wären auch ohne sie zurechtgekommen. Meine Hilfe reicht dir wohl nicht aus, was?

Dieter: *(setzt sich zu ihr)*
Mama, du bist nicht mehr die Jüngste. Und Jasmin gehört zu unserem Team dazu.

Hilde: *(fängt an zu heulen)*
Du zählst mich zum alten Eisen. Jasmin will mich vertreiben und dann stellst du auch noch Rita ein!

Dieter:
Mensch Mama, das stimmt doch nicht.

Hilde: *(heult)*
Doch, genauso ist das.

Dieter: *(springt auf)*
Mama, nicht weinen.

Hilde: *(schneuzt sich)*
Es geht schon wieder.

Dieter:
Weißt du was? Ich koche uns jetzt erst einmal einen starken Kaffee. Was hältst du davon?

(keine Antwort, sie schluchzt wieder los, Dieter ab, sie hört schlagartig auf zu heulen, Hilde steht auf)

Hilde:
Die Kerstin hätte er nehmen sollen. Aber der Junge wollte ja unbedingt diese Schnepfe Jasmin. Meinem Jungen schöne Augen machen, aber keine Kinder kriegen können. Dabei habe ich mir einen Enkel gewünscht. Dieses Flittchen!

Die wartet doch nur, dass ich hier das Feld räume. Aber da kann sie lange warten. *(ab)*

Moderator*in:

Nun wissen wir nicht, wie lange Schwiegertochter Jasmin noch warten muss, bis die Schwiegermutter freiwillig das Feld räumt. Zu gönnen wäre es in jedem Fall. Also, merken Sie sich: Besonders bei der Gründung von Familienbetrieben sollte man den Grundsatz *Augen auf bei der Personalauswahl* unter allen Umständen beherzigen!

ENDE

Früher, als ich in deinem Alter war

Besetzung:

9 Personen (variabel von 2m/7w bis 5m/4w)

Jahr 2009: Tochter, Mutter
Jahr 1984: Sohn, Vater
Jahr 1965: Tochter, Mutter
Antike: 2 Personen in antiken Gewändern
ein Nummerngirl oder ein Nummernboy

Inhalt:
Das ewig gleiche Thema: Früher war alles besser! War es wirklich so und waren unsere Eltern anders als wir Kinder? Dargestellt an den Episoden der Jahre 2009, 1984 und 1965.

Der Sketch:

(Nummerngirl/boy trägt Jahreszahl 2009 über die Bühne)

(Mutter putzt einen Spiegel, Tochter kommt dazu)

Tochter:
Du, Mama!
Mutter:
Ja, Leonie?
Tochter:
Bald habe ich Geburtstag, da will einen neuen Gameboy.

Mutter:
Will? Ich will? Ich höre immer nur, ich will. Früher, als ich in deinem Alter war, da habe ich mit 14 zur Konfirmation meinen ersten Kassettenrecorder bekommen.

(Tochter maulend ab von der Bühne)

Tochter:
Oh Manno, ich will aber…

Mutter:
Wo soll das noch hinführen mit den Kindern heutzutage. Früher war alles besser!

(Tochter kommt wieder zurück auf die Bühne, panisch)

Tochter:
Mama, der Fernseher ist kaputt. Pro 7 geht nicht und gleich kommt Germanys next top model, Mama, mach doch was!

(Mutter macht sich lustig)

Mutter:
Oh, das tut mir aber leid. Früher, als ich in deinem Alter war, hatten wir nur 3 Fernsehprogramme.

(Tochter wieder maulend ab von der Bühne)

Tochter:
Jaja, und in Farbe konntet ihr erst ab 1984 sehen.

Mutter: *(ruft hinterher)*
Genau, und trotzdem hatten wir früher nie Langeweile.

(plötzlich laut Musik – Schrei von Tokio Hotel aus dem Hintergrund, Mutter horcht, wird wütend)

Mutter:
Und mach die Musik leise, die hält ja kein Mensch aus, und wie die Typen schon aussehen!

(Musik aus, Tochter kommt noch mal kurz auf die Bühne)

Tochter:
Mecker nicht immer über Tokyo Hotel! Wenn du immer AC/DC hörst, das ist auch nicht besser!

(Tochter wieder ab, Mutter brüllt hinterher)

Mutter:
Die haben wenigsten kein Ecstasy genommen! Früher hätte es das nicht gegeben, früher war alles besser.

(Nummerngirl/boy trägt Jahreszahl 1984 über die Bühne)

(*Vater repariert Fahrrad des Sohnes, Sohn erscheint)*

Vater:
Max, die Gangschaltung hakt.
Sohn:
Na und, fährt doch noch.

Vater:
Na und? Das kann ja nicht wahr sein, fährt ein 10-Gänge-Fahrrad und davon funktionieren nur 3 Gänge!
Sohn:
Oh man, ist doch egal. Nächstes Jahr bekomme ich doch sowieso ein Neues.
Vater:
Das wollen wir erstmal sehen, ob du ein neues Fahrrad kriegst. Früher, als ich in deinem Alter war, wäre ich froh gewesen, wenn ich 10 Gänge gehabt hätte! Ich musste mit Opas altem Fahrrad fahren, das hatte überhaupt keine Gangschaltung.

(Sohn macht sich darüber lustig)

Sohn:
Jaja, ich weiss – du bist ohne Gangschaltung in Elm rumgefahren. Und zum Trinken musstet ihr Wasser aus dem Bach schöpfen...
Vater:
Jetzt werd mal nicht unverschämt.

(Sohn amüsiert sich weiter)

Sohn:
…und ihr hattet nichts zu essen im Haus.
Vater:
Es reicht jetzt.

(Sohn hört kurz auf zu lachen, legt dann aber wieder los)

Sohn:
Okay Papa, ich hör schon auf. ... Du Papa, hattest du an Opas Fahrrad eigentlich schon einen Lenker?

(Sohn prustend ab von der Bühne, Vater brüllt hinterher)

Vater:
Wir hatten viel Spaß bei unseren Radtouren in den Elm!

(laute Musik – AC/DC - ertönt, Vater horcht, brüllt dann wütend los)

Vater:
Und mach die Musik leise, die hält ja kein Mensch aus, und wie der Typ schon aussieht mit den langen schwarzen Haaren.

(Musik aus, Sohn kommt noch mal kurz auf de Bühne)

Sohn:
Mecker nicht immer über AC/DC! Wenn du immer die Beatles hörst, ist das auch nicht besser!

(Sohn wieder ab, Vater brüllt hinterher)

Vater:
Die haben wenigsten kein Heroin genommen! Früher hätte es das nicht gegeben, früher war alles besser.

(Nummerngirl/boy trägt Jahreszahl 1965 über die Bühne)

(Mutter putzt den Spiegel, dann kommt Tochter begeistert auf die Bühne)

Tochter:
Mama, Mama, die Beatles kommen nach Hamburg.
Mutter:
Wer?
Tochter:
Die Beatles!
Mutter:
Kenne ich nicht.
Tochter:
John, George, Paul und Ringo!
Mutter:
Die mit den schmuddeligen Haaren?
Tochter:
Die sind gar nicht schmuddelig.
Mutter:
Männer mit so langen Haaren taugen doch nichts. Die sollen erst mal richtig arbeiten. Dein Vater würde in seinem Betrieb keinen Lehrling mit solchen langen Haaren dulden.
Tochter:
Ist man denn schlecht, wenn man lange Haare hat?
Mutter:
Bei Männern ist das so: mit der Länge der Haare wächst die Charakterschwäche.
Tochter:
Mama, das stimmt doch nicht.

Mutter:
Keine Widerworte! Warte, bis dein Vater nach Hause kommt!
Tochter:
Ist ja schon gut. Und was ist jetzt mit den Beatles?
Mutter:
Die kommen mir nicht ins Haus! Wehe, wenn ich davon eine Schallplatte sehe! Und der Beatkeller ist auch verboten.

(Tochter traurig mit hängenden Schultern von der Bühne)

Mutter: (*schaut auf die Uhr)*
Oh, gleich halb acht, Helga und Jutta kommen vorbei, wir hören uns Perry Como-Platten an. Früher war alles besser.

(Titel von Perry Como wird eingeblendet, Mutter geht beschwingt von der Bühne)

(Auftritt zwei Personen in antikem Gewand / Toga auf der Bühne, evtl. von Schriftrollen ablesend)

Person 1:
Liebes Publikum, früher war alles besser, die Jugend ist der Untergang des Abendlandes – so schallt es von Generation zu Generation.
Person 2:
Doch das Abendland ist noch immer nicht untergegangen. So müssen Sie sich mit der heutigen Jugend abfinden. Sie können sich aber trösten, denn auch die heutige Jugend wird später sagen: Früher, als ich in deinem Alter war.

Person 1:
Am Schluss noch etwas Geschichtsunterricht: Sie kennen sich doch bestimmt mit den Philosophen der Antike aus?
Person 2:
Sokrates lebte von 469 bis 399 vor Christus in Athen. Er hat es schon vor über 2000 Jahren festgestellt.
Person 1:
Die Jugend liebt heutzutage den Luxus. Sie hat schlechte Manieren, verachtet die Autorität, hat keinen Respekt vor den älteren Leuten und schwatzt, wo sie arbeiten sollte. Die jungen Leute stehen nicht mehr auf, wenn Ältere das Zimmer betreten. Sie widersprechen ihren Eltern, schwadronieren in der Gesellschaft, verschlingen bei Tisch die Süßspeisen, legen die Beine übereinander und tyrannisieren ihre Lehrer.
Person 2:
Recht hatte er, der Sokrates.

ENDE

Pisa-Alarm

Besetzung:

8 Personen (2m/6w)

Minister Schmidt-Ruppert, Ministerialbeamter Pröppe-Moldenhauer, Nachrichtensprecherin Sabine Bredow Schuldirektorin Frau Schneider, Lehrerin Frau Wenzel Schülerinnen Silke, Heike und Petra

Inhalt:

Der schlafende Minister. Dieser wird nur nach Meldungen der Medien geweckt, immer dann, wenn es um die Pisa-Studien geht. Das endet immer mit einer Reform der Reform der Reform der Reform. In der Schule an der Basis kommen immer neue Vorschriften mit Tonnen von Papier an. Das macht alles nur noch schlimmer, Direktorin und Lehrerin versinken in einer Papierflut. Für die Schüler bleibt immer weniger Zeit.

Bühnenbild:

auf einer Seite der Schreibtisch des Ministers, ein Telefon, ein Schild *Kultusmysterium*, auf der anderen Seite die drei Schülerinnen im Klassenzimmer sitzend, Szenen wechseln zwischen Minister und Schule hin und her

Der Sketch:

(Minister schläft, Schüler am Platz, Lehrerin erscheint)

Silke, Petra, Heike: *(im Chor)*
Guten Morgen Frau Wenzel.
Wenzel:
Guten Morgen.
Silke:
Frau Wenzel, können wir heute endlich mit Arithmetik anfangen?
Heike:
Die anderen Klassen sind schon Längen voraus.
Petra:
Das stimmt.
Wenzel:
Ich weiß, aber wir hatten soviel Unterrichtsausfall.
Silke:
Der noch nicht mal rechtzeitig am schwarzen Brett steht.
Heike:
Und dass, wo wir jetzt das Abitur schon in der 12. Klasse machen sollen.
Petra:
Kann man da nichts machen? Gehen Sie doch zur Direktorin Schneider.
Wenzel:
Kinder, wir stimmen uns wirklich ab, aber die ganze Bürokratie macht alles so schwer.
Ach, stellt euch das mal nicht so leicht vor.

Heike:
In der Zeitung stand heute morgen wieder was von der neuesten Pisa-Studie.

(Minister schreckt bei dem Stichwort Pisa auf, schaut besorgt hoch, schläft dann weiter)

Petra:
Pisa?
Heike:
Kennst du das nicht? Da stand, dass die Schüler in Finnland viel schlauer sind, weil die nämlich Schulkakao mit linksdrehender Milchsäure trinken! Und die Finnen können auch viel besser Finnisch als wir Deutschen Deutsch!
Wenzel:
Beruhigt euch wieder, lasst uns mit dem Unterricht anfangen.

(Unterricht, Schülerinnen haben schriftliche Aufgaben, Lehrerin schaut ihnen gelegentlich mal über die Schulter)

(Bredow mit Mikro auf die Bühne)

Bredow:
Guten Morgen verehrte Fernsehzuschauer. Hier ist das Morgenmagazin auf RTL, ich bin Sabine Bredow und das ist das Thema des Tages: die neueste Pisa-Studie!

(Minister auf einmal hellwach)

Bredow:
Die Ergebnisse der *PISA-Studie* wurden gestern in Helsinki präsentiert. Danach rangiert Deutschland nur auf Platz 28 und hat sich damit um einen Platz verschlechtert. Bemerkenswert ist die jüngste Entwicklung in Finnland. Die Schüler haben in den Fächern Finnisch für Finnen, Mathematik und Wintersport eine überdurchschnitttliche Leistung gezeigt. Die ständige Konferenz der Kultusminister der Bundesländer geht Hinweisen nach, dass diese Leistungsexplosion durch den Genuß von Kakao mit linksdrehender Milchsäure verursacht worden sei. Bislang konnte nicht geklärt werden, ob die Milch von finnischen Elchkühen oder norwegischen Milchkühen stammt.

(Bredow ab)

Schmidt-Ruppert:
Immer diese Pisa-Studien. Bevor die Opposition wieder aktiv wird, muss ich handeln.

(Minister schreibt etwas auf ein Blatt, liest das nochmal durch, ist zufrieden mit sich)

Schmidt-Ruppert:
Sehr schön!

(Minister ruft Ministerialrat an)

Schmidt-Ruppert:
Pröppe-Moldenhauer!

(Pröppe-Moldenhauer unterwürfig auf die Bühne)

Pröppe-Moldenhauer:
Ja, Herr Minister Schmidt-Ruppert?
Schmidt-Ruppert:
Haben Sie schon Nachrichten gehört?
Pröppe-Moldenhauer:
Pisa?
Schmidt-Ruppert:
Pisa!
Pröppe-Moldenhauer:
Die Opposition!
Schmidt-Ruppert:
Kann ich mir schon denken.
Pröppe-Moldenhauer:
Was jetzt?
Schmidt-Ruppert:
Ich habe da etwas vorbereitet, lesen Sie.

(Pröppe-Moldenhauer liest es durch)

Pröppe-Moldenhauer:
Ausgezeichnet, Herr Minister.

(kurze Pause, Pröppe-M. schaut noch mal auf das Papier)

Pröppe-Moldenhauer:
Herr Minister ...
Schmidt-Ruppert:
Was noch?

Pröppe-Moldenhauer:
Wie wäre es mit ein paar klitzekleinen Ausführungsbestimmungen?
Schmidt-Ruppert:
Aber gern doch.
Pröppe-Moldenhauer:
Oh, vielen Dank Herr Minister.

(Pröppe-M. geht ab, Minister schläft wieder ein, Direktorin kommt auf die Bühne, mit einem großen Stapel Papier)

Schneider:
Guten Morgen Kinder.
Silke, Heike, Petra:
Guten Morgen Frau Direktor.
Wenzel:
Guten Morgen Frau Schneider, was haben Sie denn da?

(Direktorin übergibt den Papierstapel Frau Wenzel)

Schneider:
Das kam vorhin per Eilboten aus dem Kultusministerium: Die Ausführungsbestimmungen zur 58. Reform der reformierten Reformoberstufe aus Anlass der neuesten Pisa-Studie. Die muss unsere Schule bis Ende der Woche umsetzen.
Wenzel:
Ah ja – gut.
Schneider:
Moment, das ist aber noch nicht alles.

(Direktorin wieder ab, holt einen weiteren Stapel Papier auf die Bühne)

Schneider:
Das war es dann erst mal. *(ab)*
Wenzel:
Aha, ja, äh – gut.

(Direktorin ab, Wenzel versucht, den Stapel Papier vorsichtig auf die Ecke des Tisches zu stapeln)

Wenzel:
So, das wäre geschafft. Und nun weiter mit Arithmetik.
Silke:
Frau Wenzel, wenn wir bei Pisa so schlecht sind, wieso stellt Frau Schneider keine weiteren Lehrer ein?
Wenzel:
Dafür ist kein Geld da. Und weil sie dafür nicht zuständig ist.
Heike:
Aber es gibt doch jetzt das Konjunkturpaket 2. Da ist genug Geld.
Petra:
Da gibt es doch Abwrackprämie. Gilt das nicht auch für Lehrer? Wir tauschen alte gegen neue unverbrauchte Lehrer!
Wenzel:
Petra, da verwechselst du etwas.

(Unterricht läuft still weiter, Auftritt Bredow mit Mikro)

Bredow:
Guten Tag verehrte Fernsehzuschauer. Hier ist das Mittagsmagazin auf RTL, ich bin Sabine Bredow und das ist das Thema des Tages: die neueste Pisa- Studie!

(Minister wieder hellwach)

Bredow:
Deutschland ist auf Platz 29 abgesackt. Finnland konnte sich erneut verbessern. Es wurde jetzt geklärt, dass die Milch für den finnischen Kakao von Deutschen Kühen aus dem Allgäu stammt! Bauernpräsident Gerd Sonnleitner dementierte jedoch, dass linksdrehende Milchsäure für die leistungssteigernde Wirkung des Kakao verantwortlich ist – gäben nach seinen Angaben bayerische christliche Kühe ausnahmslos nur Milch mit rechtsdrehenden Milchsäuren.

(Bredow ab)

Schmidt-Ruppert:
Immer diese Pisa-Studien. Bevor die Opposition wieder aktiv wird, muss ich handeln.

(Minister schreibt etwas auf ein Blatt, liest das nochmal durch, ist zufrieden mit sich)

Schmidt-Ruppert:
Sehr schön!

(nimmt Telefonhörer, ruft an)

Schmidt-Ruppert:
Pröppe-Moldenhauer!

(Pröppe-Moldenhauer unterwürfig auf die Bühne)

Pröppe-Moldenhauer:
Ja, Herr Minister Schmidt-Ruppert?
Schmidt-Ruppert:
Haben Sie schon Nachrichten gehört?
Pröppe-Moldenhauer:
Pisa?
Schmidt-Ruppert:
Pisa!
Pröppe-Moldenhauer:
Die Opposition!
Schmidt-Ruppert:
Kann ich mir schon denken.
Pröppe-Moldenhauer:
Was jetzt?
Schmidt-Ruppert:
Ich habe da etwas vorbereitet, lesen Sie.

(Pröppe-Moldenhauer liest es durch)

Pröppe-Moldenhauer:
Ausgezeichnet, Herr Minister.

(kurze Pause, Pröppe-M. schaut noch mal auf das Papier)

Pröppe-Moldenhauer:
Herr Minister ...
Schmidt-Ruppert:
Was noch?
Pröppe-Moldenhauer:
Wie wäre es mit ein paar klitzekleinen Ausführungsbestimmungen?
Schmidt-Ruppert:
Sie machen das schon.
Pröppe-Moldenhauer:
Danke Herr Minister, wirklich sehr großzügig.

(Pröppe-M. geht ab, Minister schläft wieder ein. Direktorin kommt auf die Bühne, mit einem noch größeren Stapel Papier auf dem Arm)

Schneider:
Guten Morgen Kinder.
Silke, Heike, Petra:
Guten Morgen Frau Direktor.
Wenzel:
Frau Schneider, was haben Sie denn da?

(Direktorin packt den Stapel in die Arme der Lehrerin)

Schneider:
Das kam vorhin per Eilboten aus dem Kultusministerium: Die Ausführungsbestimmungen zur 59. Reform der reformierten Reformoberstufe aus Anlass der neuesten Pisa-Studie. Die muss unsere Schule bis Ende der Woche umsetzen.

Wenzel:
Ah ja, gut.
Schneider:
Moment, da fehlt noch etwas.

(Direktorin holt den nächsten Stapel)

Wenzel:
Hier ist der Rest.

(Direktorin ab. Lehrerin packt das Papier wieder auf den Stapel. Irgendwie möchte sie das ordnen. Legt also Teile des Stapels auf die Erde. Sie kniet sich hin)

Silke:
Frau Wenzel, ich sehe sie kaum noch.

(Lehrerin sortiert weiter)

Wenzel:
Moment, gleich...
Heike:
Wo sind Sie?
Petra:
Frau Wenzel?
Schneider: *(kommt hektisch zurück)*
Frau Wenzel, wissen Sie, wer die 300 Paletten Kakao aus Finnland bestellt hat?

(Wenzel völlig überfordert)

Wenzel:
Nein! Was? Wie? Wofür denn 300 Paletten Kakao? Wofür denn das?
Schneider:
Wenn ich den erwische!

(Direktorin wieder ab, Lehrerin zieht den nächsten Teilstapel vom Tisch, der rutscht runter und begräbt Sie unter dem Papier – Lehrerin bewusstlos auf der Bühne)

Silke, Heike, Petra:
Frau Wenzel?

(Schülerinnen im Freeze, Auftritt Bredow)

Bredow:
Guten Tag verehrte Fernsehzuschauer. Hier ist das Mittagsmagazin auf RTL, ich bin Sabine Bredow und das ist das Thema des Tages: die neueste Pisa- Studie!

(Minister hellwach)

Bredow:
Deutschland ist auf Platz 126 abgesackt. Erhebliche gesundheitliche Probleme der teilnehmenden deutschen Schüler sollen zu diesem katastrophalen Abschneiden geführt haben. Gerüchten zufolge soll der Kultusminister die Zwangsversorgung der Schulen mit finnischem Kakao veranlasst haben. Eine Stellungnahme des Kultusministers liegt nicht vor.

Nach Angaben des Ministerialrates Pröppe-Moldenhauer ist der Minister auf unbestimmte Zeit verreist.

(Minister schleicht sich davon)

Moment, hier kommt eben noch eine Eilmeldung rein: Niedersachsen*: an einem Gymnasium in Gifhorn* wurde eine 35-jährige Lehrerin von einem Papierstapel erdrückt. Nach diesem tragischen Unglück hinterlässt sie bei ihren ehemaligen Schülerinnen und Schülern erhebliche Lücken in Arithmetik.

(verwenden Sie hier den Namen Ihrer Stadt und Ihres Bundeslandes)*

E N D E

Öffnen Sie ein beliebiges Fenster

Besetzung:

3 Personen *(1m/2w oder 2m/1w)*
Sprecher*in, Stadtamtmann Horst Rettich (bedient gängige Klischees über Beamte), Sekretärin Claudia,

Inhalt:

Der Sketch spielt Mitte der 90er Jahre und zeigt die mehr oder weniger souveräne Einführung des Computers in deutschen Amtsstuben.

Der Sketch wurde der Komödie *Der letzte Amtmann* entnommen, die schon mehrfach in Deutschland und Österreich aufgeführt wurde.

Bühnenbild:

Büro, Tisch und Stuhl, PC, Monitor, ein Fenster, welches geöffnet werden kann

Der Sketch:

Sprecher*in:
Wir begeben uns nun in das Jahr 1994 und blicken zurück auf jene Tage, in denen der Computer gerade seinen unaufhaltsamen Siegeszug begonnen hatte und sogar in den deutschen Amtsstuben Einzug fand, so auch im Ordnungsamt der Stadt Wonsheim. Zunächst gab es nur vereinzelte Computer in den Büros. Stadtamtmann Horst Rettich hat schon von diesem Teufelswerk der Technik gehört und dazu seine ganz eigene Meinung. Beobachten wir ihn nun dabei, wie er sich vorsichtig dem Computer-Arbeitsplatz seiner abwesenden Kollegin nähert. *(ab)*
Rettich:
Heute bin ich äußerst früh dran. Ich habe nachher noch einen wichtigen Arzttermin. Fräulein Petzold ist noch nicht da. Eine gute Gelegenheit, sich diesen Computer mal genauer anzusehen. Nun gut, wenn Fräulein Claudia die Unterstützung eines Computers nötig hat, nur zu. Für mich kommt das nicht in Frage. Wenn ich das schon höre: Windows, amerikanisches Betriebssystem! Für mich kommt nur ein deutsches Betriebssystem in Frage, wo kämen wir denn sonst hin? So eine blöde Blechkiste kann es mit einem Beamten nicht annähernd aufnehmen. Lächerlich, diese Technik. Ich bin ein Beamter gehobener Dienst. Ich bin gerüstet für alle Aufgaben, die der Dienstherr für mich bereithält. So einen Computer kann ich auch ohne Bedienungsanleitung bedienen.

(macht Computer an, setzt sich, nachfolgende Computerszene mit Toneinspielern unterstützen: Hochfahren Computer, Signaltöne bei erfolgreichen Aktionen, Signaltöne bei Fehlermeldungen)

Kennwort eingeben? Europa.
(Sound: Fehler)
Falsch, dann nehme ich Deutschland.
(Sound: Fehler)
Auch falsch, ok, dann Rheinland-Pfalz?
(Sound: Fehler)
Mist, zu lang. Ah, jetzt weiß ich es: Wonsheim.
(Sound: Fehler)
Das gibt es doch nicht!
(verschiebt Tastatur, findet Zettel darunter)
Oh, ein Zettel: Theater94? Vielleicht ist es ja das? Theater94.
(Sound: Erfolg)
Sage ich doch. Kein Kennwort ist vor Horst Rettich sicher. Oh, eine Meldung: Öffnen Sie ein beliebiges Fenster. Öffnen Sie ein beliebiges Fenster? Merkwürdig. Naja, wenn das da so steht.
(steht auf und öffnet das Fenster, setzt sich wieder hin)
Ich habe wohl die Enter-Taste vergessen.
(drückt Taste, Sound: Fehler, er liest weiter)
Ein unerwarteter Fehler ist aufgetreten. Schließen Sie alle Fenster und führen Sie einen Neustart durch.

(steht wütend auf, schließt das Fenster und zieht einfach den Stecker raus)

So eine blöde Kiste, ich wusste doch, dass das Zeugs nichts taugt. Wenn ich das schon höre: Windows-Betriebssystem!

(wütend ab von der Bühne)

Sprecher*in:
Dem Computer hat er es aber gezeigt, Respekt! Doch nach diesem ersten frustrierenden Erlebnis wird sich Stadtamtmann Rettich sicher näher mit der Materie beschäftigen. Wie das so seine helfende väterliche Art ist, wird er wohl auch keine Gelegenheit auslassen, besonders die jungen Kolleginnen mit seinem fundierten Wissen zu beglücken. Überzeugen Sie sich nun davon, wie behutsam der Stadtamtmann Rettich sein frisch erworbenes Wissen anbringt. *(ab)*

(Petzold sitzt am Schreibtisch, liest Akte, Rettich erscheint)

Rettich:
Na, Fräulein Claudia, ist das nicht etwas kompliziert für eine junge Dame?
Claudia:
Also...
Rettich:
Das muss Ihnen nicht peinlich sein. Lassen Sie mich mal ran. Ich bin leitender Beamter und kenne mich mit Technik aus. *(Petzold steht auf, Rettich setzt sich vor den PC)*
Das ist doch alles ganz einfach. Erst anmelden. Hier gibt man das Kennwort ein. Der Computer ist quasi ein Geheimnisträger. Das Kennwort ist streng geheim und versteckt.

(er hebt die Tastatur hoch und gibt ihr den Zettel)
Lesen Sie bitte vor.
Claudia:
Theater94.

(er gibt Kennwort ein, Sound Erfolg, Sound Hochfahren)

Rettich:
So, jetzt wird es schwierig, die Anmeldung ist nur für Fachleute geeignet. Fräulein Claudia, machen Sie mal das Fenster auf.
Claudia:
Fenster auf? Brauchen Sie frische Luft?
Rettich:
Kleiner Scherz, was? Nun ja, Sie sind noch unerfahren und dazu noch eine Frau – ein junges Ding. Vertrauen Sie mir und machen Sie das Fenster auf.
Claudia:
Dann will ich Ihnen mal vertrauen. *(öffnet Fenster)*
Rettich: *(tippt weiter rum)*
So, das wäre geschafft.

(steht auf und zeigt stolz auf den Bildschirm)

Claudia:
Toll Herr Rettich, was Sie so alles können.

(Petzold setzt sich wieder hin)

Rettich:

Fräulein Claudia!

Claudia:

Ja, was ist?

Rettich: *(zeigt auf das Fenster)*

Sie müssen das Fenster jetzt wieder schließen.

Claudia:

Das kann ich nachher noch machen, die frische Luft tut gut.

Rettich:

Liebes Fräulein Claudia, das amerikanische Betriebssystem ist noch nicht ausgereift. Auch wenn dort steht, dass Sie ein beliebiges Fenster schließen sollen ist doch damit sicher dieses Fenster hier gemeint.

Claudia: *(übertrieben)*

Ah, ich verstehe. Ihnen kann man aber auch nichts vormachen. *(schließt Fenster)*

Rettich:

So ist es gut.

Claudia: *(schaut auf die Uhr)*

Herr Rettich, ich muss mich verabschieden.

Rettich:

Sie wollen mich schon verlassen, ist denn schon Mittagspause?

Claudia:

Leider. Aber ich habe so viel bei Ihnen gelernt.

Rettich: *(geschmeichelt)*

Von mir könnten Sie noch viel mehr lernen. Nächste Woche kommt doch der 4. Erlass zur 7. Änderung der 6. Dienstanweisung heraus – brandneu!

Claudia: *(lächelt gequält)*
Das klingt wirklich wahnsinnig spannend. Danke, Herr Rettich. *(beide im Freeze)*
Sprecher*in:
Horst Rettich wurde aufgrund seines Gespürs für die Technik später noch zum Leiter der EDV-Abteilung befördert. Seinen Plan, in diesem unserem Land für alle Behörden ein deutsches Betriebssystem verbindlich einzuführen, konnte er allerdings nicht in die Tat umsetzen.

ENDE

Das Spülmaschinenfest

Besetzung:

11 – 12 Personen (m/w variabel)

Sprecher*in mittleren Alters, ein sehr junges Pärchen, ein Pärchen mittleren Alters 25 - 35, ein etwas älteres Pärchen 40 – 55, echtes Baby oder Babypuppe in Babywippe, ein Kind 3 – 6 Jahre, zwei Jugendliche, Techniker*in im grauen Handwerkerkittel

Inhalt:

Vortrag zum Thema *Kinder leben noch im Haushalt der Eltern* oder Initiationsritus

Bühnenbild:

eine Geschirrspülmaschine, getrennt davon ein Spülbecken

Der Sketch:

Sprecher*in:
Auf Facebook wollte jemand neulich wissen, was es mit dem Spülmaschinenfest auf sich habe. Er kenne viele Feste, das Osterfest, das Weihnachtsfest, das Altstadtfest – was aber ist das Spülmaschinenfest, für das vor allem auf Küchenutensilien kräftig geworben wird?

Schließlich steht dort überall *Spülmaschinenfest*. Was ist das für ein Fest? Diese bedauerliche Wissenslücke kann ich gern schließen. Bei dem von Mythen umrankten Spülmaschinenfest handelt es sich um einen neuzeitlichen Initiationsritus, mit dem die heranwachsenden jungen Menschen in die Welt der Erwachsenen überführt werden. Es handelt sich dabei um die sozialgeschichtlich wichtigste Initiation, die unsere Kinder durchlaufen. Erst danach sind sie voll anerkannte Mitglieder unserer Gesellschaft. Das Spülmaschinenfest wird im engsten Familienkreis gefeiert. Es gibt keinen verbindlichen Termin, meistens wird es aber am Ende des dritten Spülmaschinenzyklus gefeiert, wobei der erste Zyklus eigentlich kein echter Spülmaschinenzyklus und zudem recht kurz ist.

(junges Pärchen erscheint und wäscht an der Spüle gemeinsam ab)

Sprecher*in:
Der erste Zyklus ist die Zeit des ersten gemeinsamen Hausstandes, in dem die Spülmaschine nur ein Objekt der Begierde ist, also noch nicht existiert. Gemeinsam spülen die Lebensgemeinschaftspartner von Hand.

(Pärchen umarmt und küsst sich zwischendurch)

Sprecher*in:
Der gemeinsame von regelmäßigen körperlichen Zuneigungsgesten unterbrochene Spülvorgang festigt die Partnerschaft in ihrer Frühphase.

Es gibt wissenschaftliche Untersuchungen, die belegen, dass die Scheidungsrate in Beziehungen, deren erster gemeinsamer Hausstand gleich eine vollausgestattete Einbauküche beinhaltete, signifikant höher ist als bei Hausständen mit handspülenden Lebensgemeinschaftspartnern.

(Pärchen geht ab)

Sprecher*in:
Der erste Zyklus wird relativ schnell von einem zweiten Zyklus abgelöst, der den Namen Spülmaschinenzyklus auch verdient.

(junges Pärchen erscheint, räumt Spülmaschine ein, schließt diese, fängt heftig an zu knutschen)

Sprecher*in:
Die Lebensgemeinschaftspartner werden stolze Besitzer einer Spülmaschine und genießen die zusätzliche Zeit, die durch den Wegfall des gemeinsamen Spülvorgangs frei wurde, für zusätzliche körperliche Zuneigungsgesten.

(junges Pärchen ab von der Bühne, dabei heftig umarmend)

Sprecher*in:
Diese sich vertiefenden Zuneigungsgesten führen bald zum ersehnten ersten Nachwuchs und lösen den erworbenen Zeitvorteil schnell wieder auf.

(Pärchen mittleren Alters erscheint mit Baby)

Sprecher*in:
Im zweiten Spülmaschinenzyklus ist die Spülmaschine von großem Vorteil, sind doch die Lebensgemeinschaftspartner sehr durch Aufzucht und Hege des Nachwuchses beschäftigt, so dass es ganz praktisch ist, Geschirr, Besteck, Tupperdosen und dies und das in der Spülmaschine zu deponieren.

(sie beruhigt Baby und er räumt hektisch Geschirrspülmaschine ein)

Sprecher*in:
Da die Zeit recht knapp ist und da man nach aufgrund des Babygeschreis schlaflosen Nächten weder Muße und Konzentration hat, wird die Spülmaschine relativ wahllos und ungeordnet bestückt, wobei sich der männliche Lebensgemeinschaftspartner in der Regel besonders hervorhebt.

(Pärchen ab)

Sprecher*in:
Das ist eigentlich nicht so schlimm, denn das Fassungsvermögen der Spülmaschine kompensiert die Unzulänglichkeit bei deren Bestückung. Aber: Die Grundlagen der Erziehung legen die Lebensgemeinschaftspartner in den ersten drei Lebensjahren ihres Nachwuches. Das wird leider gern vergessen bzw. bei der Bestückung der Spülmaschine komplett ignoriert – was soll denn schon passieren? Aber bereits mit 10 Monaten werden im Limbischen System des Nachwuches verstärkte Aktivitäten

festgestellt, wenn man die jungen Probanden mit Videoaufzeichnungen konfrontiert, bei denen sie ihre Eltern beim Bestücken der Spülmaschine sehen.

(gleiches Pärchen mittleren Alters erscheint nun mit Kind, Alter 3 – 6 Jahre, erklärt Kind das Einräumen der Geschirrspülmaschine)

Sprecher*in:
Wenn die Lebensgemeinschaftspartner ihrem Nachwuchs dann mit Beginn des dritten Spülmaschinenzyklus stolz die neue Spülmaschine zeigen und ihnen spielerisch erklären, wie sie erste Küchenuntensilien in die Spülmaschine einräumen können, ist es meistens zu spät. Der dritte Spülmaschinenzyklus ist geprägt von den mehr oder weniger erfolgreichen Versuchen der Lebensgemeinschaftspartner, den Nachwuchs mit der Bestückung und dem Ausräumen der Spülmaschine vertraut zu machen.

(Pärchen mit Kind ab)

Sprecher*in:
Ganz schlimm trifft es Lebensgemeinschaftspartner mit mehr als einem Kind, da die Schulungsmaßnahmen durch einen gnadenlosen Verdrängungs- und Neid-Wettbewerb zwischen den Geschwistern geradezu boykottiert werden.

(zwei Jugendliche erscheinen, schlecht gelaunt)

Jugendlich*er 1:
Warum soll ich die ganze Spülmaschine ausräumen?
Jugendlich*er 2:
Immer muss ich unten ausräumen. Ich will auch mal das obere Fach ausräumen!
Jugendlich*er 1:
Henrik hat seinen Teller nicht reingestellt!
Jugendlich*er 2:
Wie geht die Spülmaschine nochmal an?
Sprecher*in:
Bis heute gibt es auch noch keine wissenschaftliche Erklärung dafür, warum Jugendliche das Besteck ca. 20 cm über dem Besteckkorb so fallen lassen, dass die Gabel den Besteckkorb verfehlt oder sich so verkeilt, so dass ein Großteil des Fassungsvermögens verloren geht.

(Jugendliche werfen Besteck aus einiger Entfernung auf/in den Besteckkorb)

Sprecher*in:
Ein unsichtbares Kraftfeld scheint sich unüberwindbar aufzutun. Überhaupt scheint die Spülmaschine von Kraftfeldern umgeben zu sein, die es unmöglich machen, die Klappe zu öffnen, so dass der Nachwuchs das Geschirr nach dem Essen einfach auf der Spülmaschine abstellt. Ausgeräumt wurde übrigens inzwischen die bis dahin weit verbreitete Ansicht, Jugendliche hätten phasenweise in häuslichen Küchen Probleme mit der räumlichen Wahrnehmung.

(Jugendliche ab)

Sprecher*in:
Tatsächlich ist es bloße Absicht, für jedes nicht genormte Besteck - also alles außer Messer, Löffel, Gabel – beim Ausräumen der Spülmaschine einen neuen bislang nicht genutzten Ablageplatz zu suchen und zu finden.
Das geht meistens zu Lasten weiblichen Lebensgemeinschaftspartner. Der Nachwuchs erhofft, durch diese Strategie künftig vom Ausräumen der Spülmaschine befreit zu werden. Der dritte Spülmaschinenzyklus nähert sich seinem Ende, die Jugendlichen fordern durch ihr im Küchenbereich provokantes Verhalten das Spülmaschinenfest geradezu heraus, sie sehnen es sich herbei. Schließlich ist es soweit: Das Darlehen für das Haus ist schon zu einem Großteil abbezahlt und der vierte Spülmaschinenzyklus kann mit dem Kauf einer Top-Maschine von Miele begonnen werden.
Das ist Grund genug, das Spülmaschinenfest zu feiern. Wenn die Kinder nicht zufällig sowieso im Rahmen von Ausbildung oder Studium ausziehen wollen, helfen die Lebensgemeinschaftspartner nun dezent nach. Dazu feiern sie das große Spülmaschinenfest. Ein befreundeter Elektriker manipuliert die alte Spülmaschine und läutet damit das Ende des dritten Spülmaschinenzyklus ein.

(Techniker auf die Bühne, begleitet von älterem Pärchen und den beiden Jugendlichen, Techniker hantiert an Geschirrspülmaschine, schüttelt den Kopf, Jugendliche machen traurige Gesichter)

Sprecher*in:
Die Lebensgemeinschaftspartner erklären ihren Kindern, dass die Familie leider eine Woche ohne Spülmaschine auskommen müssen. In dieser Woche spülen die Kinder jeden Abend gemeinsam mit der Hand, während die Eltern vom Esszimmer aus mit einem Glas Rotwein in der Hand zufrieden zusehen.

(Jugendliche spülen am Spülbecken, Pärchen genießt ein Glas Rotwein)

Sprecher*in:
Das wiederholt sich jeden Abend. Der anfängliche Widerstand der Kinder wird schnell durch den Hinweis auf sofortige Einstellung jeder finanziellen Unterstützung gebrochen. So geht das dann eine Woche lang. Das Spülmaschinenfest ist also eine Festwoche in der Übergangszeit zwischen drittem und vierten Spülmaschinenzyklus, in der die Eltern jeden Abend gemeinsam eine Flasche Rotwein leeren und in der die Kinder erst dann ins Bett dürfen, wenn sie auch noch die Rotweingläser der Eltern von Hand gespült und ordentlich poliert haben. Mit dem Spülmaschinenfest tragen die Eltern auch noch ihren Anteil dazu bei, dass die Kinder kurz vor dem Auszug die Vorzüge des gemeinsamen Spülens von Hand zu schätzen wissen und dieses Ritual auch noch zu Beginn des ersten gemeinsamen Haustandes mit ihrem Lebensgemeinschaftspartner fortführen und somit wahrscheinlich sogar eine lange und glückliche Beziehung haben werden.

(Pärchen und Jugendliche ab)

Sprecher*in:
Ich freue mich schon jetzt auf unser Spülmaschinenfest.

ENDE

Oben oder unten?

Besetzung:

2 Personen (1m/1w)

Ulf und Uschi, ein Paar mittleren oder reiferen Alters

Inhalt:

Was mit der Frage nach der gewünschten Brötchenhälfte beginnt – oben oder unten? – entwickelt sich zu einer ernsthaften Beziehungskrise.

Bühnenbild:

ein gedeckter Frühstückstisch

Der Sketch:

(Ulf nimmt Brötchen in die Hand)

Ulf:
Oben oder unten?
Uschi:
Frag doch nicht immer.
Ulf:
Ich meine ja nur.

(Ulf schneidet Brötchen auf und nimmt die obere Hälfte)

Uschi:
Und wenn ich die obere Hälfte möchte?
Ulf:
Ich habe dich doch eben gefragt.
Uschi:
Du kannst dir einfach nicht merken, was ich mag.
Ulf:
Also gut, dann nehme ich eben die untere Hälfte.

(Ulf tauscht die Hälften)

Uschi:
Nein, nimmt dir ruhig die obere Hälfte.
Ulf:
Du weißt auch nicht, was du willst.
Uschi:
Du schon mal gar nicht.

(Ulf hält ihr die obere Hälfte entgegen)

Uschi:
Nein, nimm nur.

(Ulf nimmt sich wieder die obere Hälfte und legt die untere Hälfte zurück, Uschi fassungslos)

Uschi:
Das glaube ich jetzt nicht.

Ulf:
Was denn?
Uschi:
Du hast tatsächlich die obere Hälfte genommen.
Ulf:
Ich habe dich eben gefragt und du wolltest nicht.
Uschi:
Wenn du dir nur einmal merken würdest, was ich will.

(Ulf nimmt sich wieder die untere Hälfte und legt die obere Hälfte zurück)

Uschi:
Das macht es jetzt auch nicht besser.
Ulf:
Willst du nach dem Frühstück auch gleich noch nach oben ins Bad oder kann ich oben gehen?
Uschi:
Mir egal.
Ulf:
Dir ist immer alles nur egal.
Uschi:
Und das aus deinem Munde.
Ulf:
Oben oder unten? Das ist hier die Frage.
Uschi:
Seit wann rezitierst du aus Hamlet?

(Ulf grinst)

Uschi:
Ach daher weht der Wind. Oben oder unten? Dass ich nicht lache. Das kannst du dir abschminken. Heute Abend bleibt das Bett kalt.

(Ulf steht auf und nähert sich plump)

Ulf:
Mensch Uschi, mach kein Quatsch, Uschi komm sei lieb zu mir.

(Uschi stößt ihn ab, er setzt sich wieder)

Uschi:
Ihr Männer denkt, ihr könnt euch alles erlauben, Hauptsache ihr seid obenauf.
Ulf:
Ich liege nun mal gern oben.
Uschi:
Du bist ein ekelhafter Chauvi.
Ulf:
Wenn du willst, darfst du auch mal oben liegen.
Uschi:
Darum geht es doch nicht.
Ulf:
Worum denn?
Uschi:
Ich möchte einfach nur von dir als Frau mit Gefühlen und Wünschen anerkannt werden.

Ulf:
Das mache ich doch. Gibst du mir mal die Salami?
Uschi:
Du bist so ein Ignorant!
Ulf:
Und den Käse?

(Uschi geht heulend ab)

Ulf:
Uschi, willst du deine obere Hälfte noch?

ENDE

Über den Autor

Peter Futterschneider ist in Seesen am Harz aufgewachsen und lebt seit Anfang der Neunzigerjahre in Gifhorn.

Seit 1995 ist er im Theaterverein Gifhorn von 1891 e.V. aktiv. Zu seiner Theaterleidenschaft kam irgendwann die Freude am Schreiben.

Mehr über seine Theater- und Buchprojekte findet ihr im Internet:

www.grollundschmoll.de

www.peterfutterschneider.de

Ein ungewöhnlicher Lesestoff:

Schwere Zeiten – Bekenntnisse einer Waage

eine Novelle von Peter Futterschneider

Die Fähigkeit der Waagen, Wissenslücken durch Intuition und Allgemeinbildung zu schließen, ist geradezu legendär. Einige sprechen gar vom sechsten Sinn der Waagen.
Mit diesen Worten eröffnet Waagemuth, Personenwaage im Ruhestand, seine Erinnerungen.
Waagemuths Abenteuer beginnen, als der gut situierte Maurermeister Karl-Heinz Stöhricke eine Waage erwirbt, um für seine Rita abzunehmen. Später landet Waagemuth sogar im Knast, dann auf einem Flohmarkt und schließlich im Häuschen des schüchternen Fräulein Müller.
Dabei wird er Zeuge von Ehedramen, Missverständnissen und Gewissenskonflikten. Voller Neugier beobachtet er die Menschen. Stets bewahrt er sich seinen Humor und seinen Sinn für Ironie.
Immer wieder beschäftigen ihn grundsätzliche Fragen. Bis zu welchem Grad darf eine Waage die Gewichtsanzeige beeinflussen? Wie sehr darf eine Waage Anteil nehmen am Leben und Leiden ihrer Menschen? Kann eine Waage aus einer Dynastie von Personenwaagen zur Briefwaage werden? Wäre es gar möglich, als Goldwaage Worte abzuwägen?
Am Ende scheint es beinahe so, als hielte Waagemuth den geneigten Lesern einen Spiegel vor.

Paperback, 188 Seiten, ISBN-13: 978-3947083268
Kelebek Verlag

Die Illustratorin

Die Illustration auf dem Cover stammt von Anke Kemper. Seit vielen Jahren schreibt Anke Kemper Theaterstücke, spielt selbst Theater und Impro-Theater. Sie führt Regie und tritt mit ihrem Comedy-Programm auf. Im Jahr 2012 gründete sie den *adspecta Theaterverlag*, in dem sich mittlerweile viele Autoren mit ihren Stücken tummeln, so auch Peter Futterschneider mit seinen Komödien, Märchen und Theaterstücken für Kinder. Seit Gründung des Verlages zeichnet Anke Kemper die Coverbilder für die Rollenbücher der im Verlag veröffentlichten Theaterstücke.
Ihr Theaterverlag ist unter www.adspecta.de zu finden.
Neben dem Theater ist das Zeichnen eine ihrer Leidenschaften. Mit ihren Illustrationen hat sie schon für eine Menge farbenfroher Bücher gesorgt. Unter www.kempers-art.de gibt es mehr Infos: